C. L. R.

J. CORUBLE Institutrice
J.-C. LUCAS Instituteur
J. ROSA Instituteur

850
problèmes

niveau CE

HACHETTE
Écoles

Schémas : Rémi Picard.
Illustrations : Jean-Louis Goussé.

ISBN 2.01.015922.5

© *Hachette, 1991,* 79, boulevard Saint-Germain, F 75006 Paris.

PRÉFACE

Cet ouvrage est conçu dans le même esprit que le « 1 000 problèmes niveau CM », recueil proposant un large choix d'activités mathématiques, facilement utilisable par les enfants et compatible avec n'importe quelle méthode.

Cependant, s'agissant d'un ouvrage s'adressant à des élèves de Cours Élémentaire, il ne pouvait être question de ne proposer que des problèmes. Nous avons donc choisi de présenter d'abord des exercices d'application comme support et approfondissement de la leçon, avant d'aboutir à la mise en place de situations-problèmes.

Nous souhaitons que ce recueil soit, pour les enseignants et les parents, un outil simple et efficace.

COMMENT UTILISER CE RECUEIL

Les exercices et problèmes sont répartis en six grands chapitres :

I	*DÉCOUVRIR ET CONNAÎTRE LES NOMBRES*
II	*COMPRENDRE ET RÉSOUDRE*
III	*UTILISER LES NOMBRES*
IV	*MESURER, CLASSER, RANGER*
V	*ACTIVITÉS GÉOMÉTRIQUES*
VI	*SYNTHÈSE GÉNÉRALE*

Le deuxième chapitre permet de mettre en place les acquisitions fondamentales amenant l'enfant à une véritable analyse d'une situation de problème (tri de l'information, sens des opérations, etc.).

Le dernier chapitre propose de nombreux exercices et problèmes qui aideront l'enseignant à contrôler le degré d'acquisition des connaissances.

Les mots qui peuvent présenter une difficulté de compréhension sont suivis d'un astérisque et expliqués en fin d'ouvrage dans un bref lexique.

Tous les exercices et problèmes sont corrigés dans le livre du maître associé à ce recueil.

TABLEAU DES ABRÉVIATIONS

MESURES DE LONGUEURS
mètre . . . . m
décimètre . . . . dm
centimètre . . . . cm
millimètre . . . . mm
kilomètre . . . . km
hectomètre . . . . hm
décamètre . . . . dam

MESURES DE MASSES
kilogramme . . . . kg
gramme . . . . g

NOTION DE CAPACITÉ
litre l

LES MONNAIES
franc . . . . F
centime c

LE TEMPS
heure . . . . h
minute . . . . min
seconde . . . . s

TABLEAU DES SIGNES
inférieur . . . . <
supérieur . . . . >
égal . . . . =
différent . . . . ≠
plus . . . . +
moins . . . . −
multiplié par . . . . ×
divisé par . . . . :

TABLE DES MATIÈRES

I DÉCOUVRIR ET CONNAÎTRE LES NOMBRES

DE 0 À 100

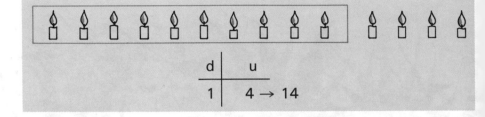

d	u	
1	4	→ 14

DE 0 À 9

1. Compte les voitures bleues, les voitures blanches, les voitures noires.

2. Compte les bateaux.

Quel est le nombre total de bateaux ?
Quel est le nombre de bateaux ayant au moins une voile bleue ?

3. Complète par < ou >.

4. Complète par < ou >.

1 __ 4	3 __ 2	4 __ 3
3 __ 5	5 __ 4	1 __ 5
2 __ 0	0 __ 1	

5. Complète par = ou ≠.

$1 + 2$ __ 3	$4 + 1$ __ $2 + 3$	$3 + 1$ __ 2
3 __ $2 + 1$	$2 + 2$ __ $1 + 2$	$1 + 4$ __ $2 + 2$

6. Écris le nombre qui vient avant et celui qui vient après.

__ 3 __   __ $(1 + 1)$ __   __ $(3 + 1)$ __

7. Complète par < , > ou =.

4 __ $3 + 2$	$2 + 5$ __ 3	6 __ $2 + 4$
5 __ $2 + 4$	$7 + 2$ __ 8	$3 + 5$ __ $4 + 3$
$3 + 3$ __ 6	$4 + 3$ __ $2 + 5$	

8. Écris en lettres.
6 - 2 - 5 - 4 - 8 - 7.

9. Complète par < , > ou =.

9 __ $4 + 4$	$2 + 6$ __ $5 + 3$	$3 + 6$ __ $5 + 2$
$3 + 2$ __ $4 + 1$	$6 + 1$ __ $4 + 5$	$2 + 4$ __ $3 + 5$

10. Recopie ces nombres en les classant du plus petit au plus grand.
8 - 4 - 9 - 2 - 5 - 1.

11. Complète.
2 - 4 - 6 - __
1 - 3 - 5 - __

12. Complète.

$4 + \underline{\quad} = 5$ $\qquad$ $3 + \underline{\quad} = 9$ $\qquad$ $\underline{\quad} + 6 = 8$

$2 + \underline{\quad} = 6$ $\qquad$ $\underline{\quad} + 2 = 7$ $\qquad$ $3 + \underline{\quad} = 6$

13. Complète.

$2 < \underline{\quad} < 4$ $\qquad$ $6 < \underline{\quad} < 8$ $\qquad$ $5 < \underline{\quad} < 7$

14. Complète.

$6 - 5 - 4 - \underline{\quad}$

$9 - 6 - \underline{\quad}$

15.

Pierre — Jean — Laurent — Stéphane — Sylvie — Valérie — Yann — Camille — Sandrine

Combien d'enfants portent des lunettes?
Combien d'enfants portent un chapeau?
Combien d'enfants ne portent ni lunettes ni chapeau?
Combien y a-t-il d'enfants?
Qui se trouve juste avant Stéphane?
Qui se trouve juste après Jean?

DE 0 À 19

16. Écris le nombre qui vient avant et celui qui vient après.

$\underline{\quad} 9 \underline{\quad}$ $\qquad$ $\underline{\quad} 13 \underline{\quad}$ $\qquad$ $\underline{\quad} 14 \underline{\quad}$

$\underline{\quad} 12 \underline{\quad}$ $\qquad$ $\underline{\quad} 17 \underline{\quad}$ $\qquad$ $\underline{\quad} 10 \underline{\quad}$

17. Complète par $=$ ou $\neq$.

$4 + 5 \underline{\quad} 9$ $\qquad$ $11 \underline{\quad} 5 + 6$ $\qquad$ $16 \underline{\quad} 8 + 8$

$10 + 4 \underline{\quad} 12$ $\qquad$ $19 \underline{\quad} 9 + 10$ $\qquad$ $5 + 12 \underline{\quad} 15$

18. Complète par $<$ ou $>$.

$10 + 6 \underline{\quad} 13$ $\qquad$ $14 \underline{\quad} 10 + 1$ $\qquad$ $16 + 2 \underline{\quad} 15 + 4$

$9 + 4 \underline{\quad} 11$ $\qquad$ $12 \underline{\quad} 7 + 7$ $\qquad$ $9 + 9 \underline{\quad} 8 + 6$

19. Écris en lettres.
14 - 9 - 11 - 18 - 16 - 15.

20. Écris ces nombres du plus petit au plus grand.
7 - 3 - 12 - 8 - 5 - 16 - 11 - 19.

21. Écris ces nombres du plus grand au plus petit.
6 - 18 - 0 - 15 - 9 - 14 - 13 - 5 - 10.

22. Complète.
7 - 10 - 13 - ___ - ___
10 - 12 - 14 - ___ - ___

23. Recopie et complète ce tableau.

	nombre de bougies
🕯🕯🕯🕯🕯🕯🕯🕯🕯🕯🕯🕯	
🕯🕯🕯🕯🕯🕯	
🕯🕯🕯🕯🕯🕯🕯🕯🕯🕯🕯🕯🕯🕯🕯	

24. Complète par le nombre qui convient.
6 < ___ < 9   17 < ___ < 19   14 < ___ < 16
12 < ___ < 14   9 < ___ < 11   11 < ___ < 13

25. Complète en écrivant VRAI ou FAUX.
6 + 4 = 10 ___   8 + 8 = 7 + 9 ___
9 + 5 = 12 + 2 ___   11 + 7 = 9 + 9 ___

26. Complète par < ou >.

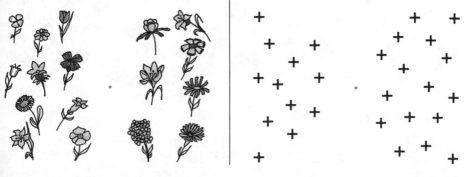

27. Combien y a-t-il de ronds bleus?
Combien y a-t-il de carrés blancs?
Quel est le nombre total de figures blanches?
Quel est le nombre total de figures bleues?
Quel est le nombre total de figures?

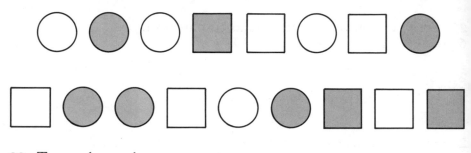

28. Trouve le nombre manquant.
18 - 14 - ___ - 6.
1 - 6 - ___ - 16.

29. Écris en lettres.
8 - 13 - 4 - 19 - 7 - 12.

DE 0 À 50

30. Quel est le nombre total de tulipes?

31. Complète par < ou >

13 ___ 21   19 ___ 20   49 ___ 16
47 ___ 39   35 ___ 28   38 ___ 46

32. Complète par = ou ≠.

4 + 8 ___ 12   35 ___ 25 + 7   10 + 10 + 4 ___ 30
19 + 5 ___ 15 + 9   40 ___ 35 + 5   42 + 5 ___ 38 + 7

33. Recopie et relie par une flèche les mêmes nombres.

26	trente-huit
38	vingt-six
45	trente-deux
19	vingt-neuf
32	quarante-cinq
29	dix-neuf
50	cinquante

34. Écris ces nombres du plus petit au plus grand.
28 - 12 - 33 - 15 - 46 - 7 - 27 - 36.

35. Complète.
12 - 17 - 22 - ___ - ___ - ___
48 - 45 - 42 - ___ - ___ - ___

36. Écris en lettres les nombres suivants.
24 - 37 - 49 - 13 - 28

37. Recopie ces nombres et entoure le chiffre 3 à chaque fois qu'il représente le chiffre des unités.
23 - 35 - 38 - 43 - 13 - 33

38. Complète par <, > ou = .

16 ___ 21   3 + 10 ___ 5 + 5   34 ___ 27 + 5
18 ___ 9 + 9   24 ___ 21 + 3   40 + 1 ___ 36 + 8
36 ___ 28   48 ___ 38 + 5   42 ___ 36 + 6

39. Écris tous les nombres de 2 chiffres qui ont 4 pour chiffre des dizaines.

40. Écris tous les nombres de 2 chiffres situés entre 12 et 50 et qui ont 5 pour chiffre des unités.

41. Complète.
31 - 34 - 37 - ___ - ___ - ___
41 - 37 - 33 - ___ - ___ - ___

42. Trouve un nombre plus petit que 44 mais plus grand que 27 ayant 5 pour chiffre des unités.

43. Écris ces nombres du plus petit au plus grand.
38 - 27 - 41 - 16 - 25 - 32 - 18 - 46 - 28.

44. Complète par = ou ≠.
30 + 20 __ 10 + 10 + 10 + 10 + 5 + 5
10 + 10 + 10 + 2 __ 10 + 10 + 8
10 + 8 + 2 __ 10 + 10
10 + 10 + 5 __ 10 + 5 + 10
20 + 10 + 5 __ 20 + 15

45. Complète.
36 = 30 + __   37 = __ + 7
25 = 20 + __   29 = __ + 9
12 = __ + 2   14 = 10 + __
48 = 40 + __   41 = 30 + __ + 1

46. Trouve un nombre plus grand que 17 mais plus petit que 32 ayant 6 pour chiffre des unités.

47. Recopie les nombres suivants et entoure le chiffre 2 à chaque fois qu'il représente les dizaines.
12 - 23 - 22 - 32 - 2 - 29 - 25 - 42.

48. Écris en lettres les nombres suivants.
31 - 27 - 46 - 17 - 21.

49. Écris en chiffres les nombres suivants.
trente-neuf; vingt-quatre; dix-huit; quarante-deux; trente-trois.

DE 0 À 100

50. Complète par < ou >.
64 __ 39   83 __ 78   91 __ 89
45 __ 52   76 __ 92   68 __ 71

51. Complète par = ou ≠.
15 + 5 __ 20 + 2   72 __ 68 + 4   50 + 10 + 2 __ 62
60 + 6 __ 59   86 __ 80 + 6   94 __ 50 + 30 + 4

52. Compte le nombre total de bonbons.

___ = ___ dizaines et ___ unités.

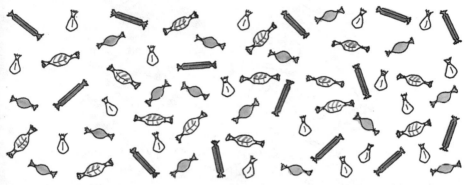

53. Compte le nombre total de fleurs.

___ = ___ centaine, ___ dizaine et ___ unité.

54. Recopie et relie par une flèche les mêmes nombres.

74	soixante et un
82	quatre-vingt-deux
61	soixante-quatre
92	soixante-quatorze
64	quatre-vingt-quatorze
59	quatre-vingt-douze
94	cinquante-neuf

55. Trouve le nombre qui convient.
68 <__< 70   76 <__< 78   98 <__< 100
54 <__< 56   89 <__< 91   79 <__< 81

56. Écris ces nombres du plus petit au plus grand.
76 - 49 - 38 - 81 - 54 - 57 - 94 - 82 - 68.

57. Trouve les nombres manquants.
47 - 48 - 49 - _____ - 52 - 53 - _____ - 64 - _____ - 66 - _____ - 71.

58. Complète.
74 - 76 - 78 - __ - __ - __ - __
99 - 97 - 95 - __ - __ - __

59. Écris en lettres les nombres suivants.
69 - 73 - 86 - 95 - 100 - 52.

60. Recopie les nombres suivants et entoure le chiffre 6 à chaque fois qu'il représente les unités.
46 - 62 - 36 - 6 - 96 - 65 - 60 - 86

61. Écris en chiffres les nombres suivants.
soixante-trois; quatre-vingt-quatorze; soixante-dix-neuf;
cinquante-huit; quatre-vingt-dix-sept.

62. Complète par <, > ou = .
52 __ 40 + 5   30 + 10 __ 20 + 10 + 5 + 5
70 + 5 __ 75   40 + 3 __ 20 + 20 + 7
40 + 10 + 10 __ 60 + 2   60 + 10 + 10 __ 50 + 20 + 5

63. Écris tous les nombres de 2 chiffres situés entre 23 et 99 et qui ont 8 pour chiffre des unités.

64. Complète.

11 - 21 - 31 - __ - __ - __ - __ - __ - __

67 - 70 - 73 - __ - __ - __ - __ - __ - __

65. Trouve un nombre plus grand que 67, mais plus petit que 82 et ayant 6 pour chiffre des unités.

66. Écris ces nombres du plus grand au plus petit.

79 - 68 - 91 - 54 - 100 - 46 - 67 - 89.

67. Complète par $<$, $>$ ou $=$.

$30 + 20 + 10$ __ 50 $60 + 10$ __ 80

$40 + 10 + 10$ __ 60 $50 + 30$ __ $40 + 10 + 10 + 10$

$50 + 20 + 20$ __ 100

68. Complète.

$30 + 20 =$ __ $50 +$ __ $= 100$

$40 + 10 + 10 =$ __ $30 + 30 + 30 =$ __

$60 +$ __ $= 80$ $60 + 20 +$ __ $- 100$

__ $+ 40 + 10 = 70$ $70 + 20 + 10 =$ __

69. Complète.

$85 = 80 +$ __ $94 =$ __ $+ 4$

$72 = 70 +$ __ $51 = 50 +$ __

$59 =$ __ $+ 9$ __ $= 60 + 7$

$48 = 40 +$ __   __ $= 90 + 8$

$89 = 80 +$ __   __ $= 70 + 5$

70. Tous les chemins mènent à 100; reconstitue la suite logique.

50 __ 70 __ __ 100

$75 \ 80$ __ __ $95 \ 100$

90 __ __ $96 \ 98 \ 100$

__ __ 40 __ $80 \ 100$

71. Écris en lettres.

48 - 37 - 76 - 92 - 83 - 74.

DE 100 À 1 000

10	unités	= 1 dizaine
10	dizaines	= 1 centaine
10	centaines	= 1 millier

72. Écris en chiffres.
cent douze ; quatre cent vingt et un ; six cent soixante ; deux cent trente-sept ; neuf cent quatre-vingt-dix.

73. La flèche signifie « est le même nombre que ». Recopie et trace toutes les flèches.

304	quatre cent quarante-cinq
698	cinq cent dix-sept
445	sept cent soixante et onze
771	trois cent quatre
517	six cent quatre vingt-dix huit

74. Écris en lettres.
109 - 458 - 675 - 826 - 287 - 500 - 362 - 510 - 991 - 312.

75. Complète par < ou >.
203 ___ 302   356 ___ 354
148 ___ 147   489 ___ 490
675 ___ 765

76. Complète par < ou >.
898 ___ 900   391 ___ 396
676 ___ 766   924 ___ 824
740 ___ 704

77. Pour chaque nombre, écris celui qui suit.
399 - 109 - 441 - 927 - 602 - 573 - 869 - 990 - 210 - 679.

78. Pour chaque nombre, écris celui qui précède.
100 - 282 - 350 - 500 - 427 - 515 - 940 - 670 - 738 - 880.

79. Compte de 2 en 2 de 440 à 480.
440 ——— 480.

80. Compte de 2 en 2 de 780 à 810.
780 ——— 810.

81. Compte de 10 en 10 de 360 à 460.
360 ——— 460.

82. Observe et donne les 10 nombres suivants.
418 - 428 - 438 ———

83. Compte de 50 en 50 de 200 à 700.
200 ——— 700.

84. Observe et donne les 10 nombres suivants.
345 - 395 - 445 ———

85. Écris ces nombres du plus petit au plus grand (ordre croissant).
431 - 525 - 148 - 670 - 344.

86. Même exercice que le précédent.
641 - 568 - 444 - 976 - 316 - 730 - 551 - 980 - 464 - 200.

87. Écris tous les nombres de 3 chiffres entre 600 et 700 qui ont 2 pour chiffre des dizaines.

88. Écris tous les nombres de 3 chiffres entre 300 et 400 qui ont 4 pour chiffre des unités.

89. Complète par un nombre qui convient en conservant le chiffre des centaines.
$400 + 15 <$ ——   —— $> 700 + 30$
$400 + 48 <$ ——   —— $> 700 + 61$
$400 + 36 <$ ——   —— $> 700 + 49$
$400 + 12 <$ ——   —— $> 700 + 16$
$400 + 70 <$ ——   —— $> 700 + 54$

DE 1 000 À 10 000

999	1 000	1 001
1 699	1 700	1 701
3 099	3 100	3 101
6 799	6 800	6 801

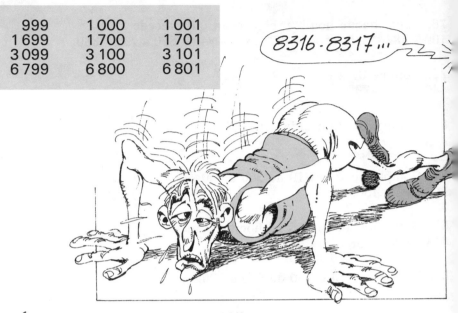

8316 · 8317 ...

90. Écris les nombres suivants en chiffres.

quatre mille neuf cent quatre-vingt-dix-neuf
huit mille sept cent soixante-quinze

mille	deux mille cinquante
mille trois cent quarante-quatre	neuf mille dix
deux mille quatre cent vingt	sept mille un
quatre mille cinq	deux mille trente neuf

91. Même exercice que le précédent.

huit mille neuf cent quatre-vingt-dix
neuf mille huit cent quatre-vingt-huit

sept mille vingt-sept	mille neuf cent quatre-vingt-onze
cinq mille trois cent quatre-vingts	six mille quatre-vingt-dix
dix mille	six mille neuf
mille dix-neuf	deux mille quatre

92. Complète avec le signe < ou >.

1 243 ___ 1 432	4 347 ___ 3 847
2 723 ___ 3 004	8 003 ___ 7 799
2 999 ___ 4 205	9 001 ___ 10 000
7 244 ___ 6 999	5 555 ___ 5 600
4 990 ___ 5 090	7 024 ___ 6 824

93. Écris en lettres les nombres suivants.
1 900 - 4 335 - 5 080 - 8 009 - 3 854 - 2 720 - 7 880 - 5 200 - 9 100 - 6 773.

94. Écris les nombres suivants dans l'ordre croissant (du plus petit au plus grand).
2 434 - 1 700 - 6 093 - 6 102 - 4 349 - 4 402.

95. Même exercice que **94.**
8 720 - 7 820 - 8 270 - 8 702 - 5 990 - 6 090 - 7 009 - 5 900 - 7 990 - 6 093.

96. Complète avec le signe <, > ou = .
2 000 + 400 ___ 3 000 + 200
3 000 + 40 ___ 3 000 + 70
6 000 + 70 ___ 6 000 + 7
7 000 + 80 ___ 7 000 + 8
9 000 + 30 ___ 8 000 + 80

97. Même exercice que **96.**
5 000 + 200 + 80 ___ 5 000 + 100 + 90
8 000 + 500 + 90 + 9 ___ 8 000 + 600 + 10 + 2
7 000 + 900 + 90 + 9 ___ 8 000 + 2
4 000 + 200 + 40 + 3 ___ 4 000 + 400 + 20 + 3
9 000 + 700 + 30 + 8 ___ 9 000 + 300 + 70 + 8

98. Recopie et complète le tableau suivant.

Nombre précédent	Nombre donné	Nombre suivant
	2 724	
	2 900	
	5 000	
	3 999	
	8 720	

99. Même exercice que le **98.**

Nombre précédent	Nombre donné	Nombre suivant
	9 009	
	9 999	
	7 200	
	6 500	
	3 275	

100. Écris dans l'ordre décroissant les nombres suivants (du plus grand au plus petit).
1 920 - 1 209 - 9 120 - 4 349 - 9 344 - 4 934.

101. Recopie et complète le tableau suivant (observe l'exemple).

Nombre précédent terminé par un 0	Nombre donné	Nombre suivant terminé par un 0
3 240	3 246	3 250
	4 923	
	5 319	
	7 872	
	3 691	
	5 032	

102. Même exercice que **101.**

Nombre précédent terminé par un 0	Nombre donné	Nombre suivant terminé par un 0
	6 000	
	7 004	
	8 767	
	4 253	
	9 766	

103. Compte de 10 en 10 :
de 7 420 à 7 520
de 3 258 à 3 358

104. Compte de 100 en 100 :
de 6 200 à 7 200
de 8 730 à 9 730

105. Reproduis la droite ci-dessous sur ton cahier puis place les nombres suivants :
8 722 - 6 400 - 5 324 - 2 799 - 7 355 - 4 999 - 3 010.

3 000	4 000	5 000	6 000	7 000	8 000

106. Complète les décompositions suivantes.
$3 784 = (3 \times \underline{\quad}) + (7 \times \underline{\quad}) + (\underline{\quad} \times 10) + (4 \times 1)$
$2 829 = (2 \times \underline{\quad}) + (\underline{\quad} \times 100) + (\underline{\quad} \times \underline{\quad}) + (\underline{\quad} \times 1)$
$5 321 =$
$7 500 =$
$9 730 =$

107. Observe et continue.
2 134 - 2 154 - 2 174 - _____ 2 294.
3 729 - 3 738 - 3 747 - _____ 3 801.

108. Réponds aux questions.

Communes	Nombre d'habitants
Raon-l'étape	7 219
Abilly	1 166
Cruseilles	2 533
Louhans	4 198
Aubin	6 017
Cucq	4 379
Machecoul	5 353
St-Brévin-les-Pins	8 769

Quelles sont les villes de plus de 5 000 habitants ?
Quels sont les villes ou villages de moins de 5 000 habitants ?
Quelle est la ville la plus peuplée ?
Quel est le village le moins peuplé ?

109. Observe le tableau représentant les distances qui séparent Paris de quelques autres capitales.

Capitales	Paris
Varsovie (Pologne)	1 365 km
Ankara (Turquie)	2 588 km
Belgrade (Yougoslavie)	1 427 km
Washington (États-Unis)	6 171 km
Dakar (Sénégal)	4 191 km
Pékin (Chine)	8 214 km

Quelle est la capitale la plus éloignée de Paris ?
Quelle est la capitale la plus proche de Paris ?
Nomme les capitales qui sont à moins de 6 000 km de Paris.

110.

4	3	5	8
7	2	6	9

Voici deux séries de chiffres.
Trouve pour chaque série le plus grand et le plus petit nombre de 4 chiffres que tu peux former.

111. Voici les altitudes de cinq sommets français.

Crêt de la Neige : 1 718 m   Mont Blanc : 4 807 m
Puy de Sancy : 1 886 m   Vignemale : 3 298 m
Mont Cinto : 2 710 m

Quel est le sommet le plus élevé ?
Quel est le sommet le moins élevé ?
Quel sommet s'élève entre 3 000 m et 4 000 m ?

LA NUMÉRATION ROMAINE

1	2	3	4	5	9	10	50	100	500	1 000
I	II	III	IV	V	IX	X	L	C	D	M

112. Écris les nombres suivants en chiffres romains.
15 - 17 - 29 - 49 - 72.

113. Même exercice que le **112**.
79 - 108 - 324 - 520 - 1 990.

114. Même exercice que le **112**.
27 - 39 - 138 - 252 - 723 -
974 - 1 979 - 1 324 - 1 269 - 1 717.

115. Écris en chiffres romains la suite des nombres de 51 à 61.

116. Même exercice que le **115** de 249 à 259.

117. Regarde l'exemple donné et fais la même chose pour chacun des nombres romains suivants.
CCLXXIX = 100 + 100 + 50 + 10 + 10 + 9 = 279

DCLXXXII =
DIL =
MCCCXXXVIII =
MMCXVII =
MCMLXXIX =

118. Effectue les opérations suivantes en chiffres romains.

IX + X = ___
III + V = ___
XIII + XXIV = ___
LXV + XV = ___
IL + XII = ___

D + D = ___
XXIV + ___ = L
XIV + ___ = XX
___ + XL = C
M + CM = ___

II COMPRENDRE ET RÉSOUDRE

POSER L'OPÉRATION

119. Maman a acheté 6 boutons bleus et 8 boutons blancs.
Combien de boutons a-t-elle achetés?

120. Yves avait 10 billes ce matin en arrivant à l'école. À la récréation, il en a perdu 3.
Combien de billes lui reste-t-il?

121. Dans son bouquet, Valentin a mis 4 tulipes et 5 œillets.
Combien de fleurs y a-t-il dans ce bouquet?

122. Une locomotive tire 9 wagons; on en accroche 4 autres.
Combien de wagons la locomotive tire-t-elle maintenant?

123. Dans une classe, il y a 5 rangées de 5 élèves chacune.
Quel est le nombre d'élèves dans cette classe?

124. Maman a acheté une douzaine d'œufs. En les portant, elle en casse 2.
Combien d'œufs lui reste-t-il?

125. Lundi, maman a acheté 12 bouteilles d'eau minérale; dimanche, il en reste 3.
Quel est le nombre de bouteilles qui ont été bues?

126. À la boulangerie, Caroline s'est acheté un chausson aux pommes à 4 F et un croissant à 3 F.
Combien a-t-elle dépensé?

127. Barbara pèse 26 kg; son frère en pèse le double.
Combien pèse son frère?

128. Gérald possède 34 livres de bibliothèque et 12 albums de bandes dessinées.
Combien de livres possède-t-il en tout?

129. Le responsable d'un magasin «son et vidéo» reçoit 4 cartons contenant chacun 6 radio cassettes.
Combien de radiocassettes avait-il commandées?

TROUVER LA BONNE QUESTION

Trouve la question correspondant à chaque énoncé.

130. Clémentine avait acheté une boîte contenant 25 sucettes. Elle en a déjà mangé 6.

131. Amélie a 15 ans ; son frère Ludovic a 6 ans de moins qu'elle.

132. Au cours de la séance d'éducation physique, les élèves de M. Jérôme ont effectué 5 tours de piste ; celle-ci mesure 400 m.

133. Les vacances de Noël débutent le 21 décembre ; nous sommes le 12 décembre.

134. Sur les 33 élèves de notre classe, 6 sont malades et absents.

135. Maman a acheté un lot de 3 pots de confiture identiques au prix de 21 F les 3.

136. Yann voulait s'acheter une raquette de tennis d'une valeur de 179 F, mais il ne dispose que de 150 F.

137. Monsieur Barthélémy note ce qu'il a acheté afin de remettre sa voiture en état :
pneus : 490 F
essuie-glaces : 115 F
huile : 72 F.

138. L'émission que Florence a regardée mercredi après-midi a débuté à 14 h 30 min et a duré 2 h.

139. Caroline a besoin de 4 perles bleues, 3 perles blanches, 5 perles noires et 2 perles rouges pour fabriquer un bracelet. Elle se décide à faire 4 bracelets **identiques**★.

140. Sur une bobine de 70 mètres de fil, un pêcheur en coupe 15 m.

Dans chacun des énoncés suivants, plusieurs questions sont posées, mais une seule correspond au problème. À toi de choisir la bonne question.

141. Chaque jour de la semaine, sauf le samedi et le dimanche, papa doit faire 56 km en voiture pour aller jusqu'à son lieu de travail et en revenir.
À quelle heure doit-il se lever le matin?
Quelle distance Papa parcourt-il ainsi chaque semaine?

142. Papa a planté 2 cerisiers, 4 poiriers et 3 pommiers.
Quelle masse de fruits récoltera-t-il?
Combien d'arbres fruitiers a-t-il plantés?

143. À la boulangerie, Mélanie achète un croissant aux amandes à 6 F et un pain au chocolat à 5 F. Elle paie avec deux pièces de 10 F.
Peut-elle encore acheter 2 chaussons aux pommes?
Combien la vendeuse doit-elle lui rendre?

144. Vanessa pèse 32 kg; sa grande sœur pèse 11 kg de plus qu'elle et son jeune frère 7 kg de moins qu'elle.
Trouve le poids de la sœur et du frère de Vanessa.
Cherche la différence d'âge entre Vanessa, son frère et sa sœur.
Calcule la taille de chaque enfant.

145. Sur le marché, la barquette de 500 g de fraises est affichée 12 F ; maman achète 2 barquettes.
Combien maman paiera-t-elle pour 2 kg de pommes ?
Quel sera le prix payé pour 1 kg de fraises ?
Quelle somme le marchand doit-il lui rendre ?

146. Florent a 10 min de trajet pour se rendre jusqu'à son école où les cours commencent à 8 h 30 min.
Florent sera-t-il à l'heure à l'école ?
Virginie arrivera-t-elle avant lui ?
À quelle heure, au plus tard, doit-il partir de chez lui ?

Attention, pour les énoncés suivants, plusieurs questions peuvent être posées :

147. Dans un sac plastique sur lequel on peut lire « résistance 10 kg », Lucie a déjà placé 3 boîtes pesant chacune 1 kg.
Quelle masse totale Lucie a-t-elle déjà mise dans le sac ?
Combien de bouteilles pleines Lucie peut-elle encore ajouter ?
Quelle masse Lucie peut-elle encore ajouter dans le sac ?

148. Dans le wagon de chemin de fer dans lequel il vient de monter, Antoine a remarqué que les places étaient ainsi réparties :
1re classe : 30 personnes,
2e classe : 90 personnes.
25 personnes sont déjà montées dans le wagon, toutes en 2e classe.
Calcule le nombre total de places dans le wagon.
Combien de personnes peuvent encore s'installer en 2e classe ?
En quelle classe Antoine voyage-t-il ?
À quelle heure le train doit-il partir ?

IMPOSSIBLE : POURQUOI ?

149. Cécile achète un croissant qu'elle paie avec une pièce de 10 F. Combien la boulangère doit-elle lui rendre ?

150. À la fruiterie, maman achète 3 kg de pommes, 1 kg d'oranges et 6 bananes.
Quelle masse de fruits maman devra-t-elle porter ?

151. Dans l'avion au départ de Paris, en direction de Toulouse, 84 places ont été réservées.
Combien de places sont encore libres ?

152. Anthony fêtera son anniversaire le 6 mai.
Quel âge aura alors Anthony ?

153. Le menuisier a coupé une planche longue de 4 m en plusieurs morceaux égaux.
Quelle est la longueur de chaque morceau ?

154. Jules et Adrien jouent au tennis de table. Adrien gagne la première manche sur le score de 21 points à 15. Jules est bien décidé à prendre sa revanche.
Quel sera alors le score de la deuxième manche ?

155. Mercredi après-midi, Medhi et ses 2 sœurs Jessica et Sonia se rendent à la piscine. L'entrée coûte 8 F par enfant.
Combien de temps pourront-ils rester dans l'eau ?

156. Samedi matin, vers 10 h, Monsieur Lebol a joué 20 F au loto sportif.
Quelle somme Monsieur Lebol a-t-il gagnée?

157. Dans un ascenseur, un **panonceau**★ indique : «Charge limite : 600 kg».
9 adultes pourraient-ils entrer dans cet ascenseur?

158. Monsieur Lamarche achète une paire de chaussures de randonnée affichée 545 F. Le vendeur accepte de lui faire une petite **réduction**★ et lui offre également un produit d'entretien valant 32 F.
Combien Monsieur Lamarche va-t-il finalement payer?

159. Madame Bardot gare sa voiture sur une place de parking payante. Le parcmètre indique «2 F les 15 min». Madame Bardot quitte son véhicule en oubliant de payer son stationnement. Quand elle revient 30 min plus tard, une contravention **sanctionne**★ son oubli.
Calcule, en F, le montant de l'amende.

160. Dans une classe, la veille des vacances scolaires, plusieurs élèves apportent des jeux de société : Daniel a un «jeu de 1000 bornes», Laurent «400 énigmes policières» et Fabienne «650 questions sur 1789».
Quel est le jeu le plus coûteux?
Quelle est la boîte la plus lourde?

POSSIBLE OU IMPOSSIBLE ?

Peut-on trouver une question correspondant à l'énoncé ?

161. Un avion léger emportant 4 passagers peut voler à 230 km/h.

162. La **comète**★ de Halley, qui revient tous les 76 ans, est apparue la dernière fois en 1986.

163. Un immeuble de 6 étages compte 6 logements à chaque étage.

164. Marie dispose de 60 perles avec lesquelles elle voudrait faire 3 colliers identiques.

165. Monsieur Corbier a acheté une armoire valant 8 000 F. Elle lui sera livrée dans 2 semaines.

166. L'ingénieur Gustave Eiffel, né en 1832, connut la gloire en 1889 grâce à la tour qui porte son nom.

167. Dans sa classe de CP, Coline utilise un dictionnaire totalisant 200 mots. Au CE1, Fanny travaille avec un dictionnaire comportant 1 000 mots.

168. Un train comportant 12 wagons roule à la vitesse de 125 km/h.

169. Le personnage de Mickey fut créé par Walt Disney le 18 novembre 1928.

SUPPRIMER L'INFORMATION INUTILE

Attention : il s'agit toujours d'une information chiffrée.

170. Chaque jour, vers 8 h 30 min, Monsieur Charly achète 2 journaux, l'un valant 4 F et l'autre 5 F.
Combien Monsieur Charly dépense-t-il chaque jour pour ses journaux ?

171. Maman achète une boîte de compote de pommes de 850 g au prix de 5 F.
Combien aurait-elle dépensé pour 3 boîtes de compote ?

172. Le papa de Patricia a utilisé 350 g d'un paquet de spaghetti de 500 g, qui demandent 9 minutes de cuisson.
Quelle masse de spaghetti reste-t-il dans le paquet ?

173. Estelle, qui a 9 ans, mesure 138 cm. Son jeune frère mesure 11 cm de moins qu'elle.
Quelle est la taille de son frère ?

174. Le nouveau jeu électronique de Sylvain a coûté 158 F et possède 4 niveaux de difficultés. Le jeu de Marc n'a coûté que 99 F.
Quelle est la différence de prix entre les deux jeux ?

175. Mady a acheté une tablette de chocolat de 200 g au prix de 13 F. Il en a déjà mangé 75 g.
Quelle quantité de chocolat reste-t-il ?

176. Pour composer un bouquet, Madame Crey utilise 6 roses, 6 œillets et 6 iris. Elle coupe toutes les fleurs à une longueur de 40 cm.
Combien de fleurs composent ce bouquet ?

177. Hier soir, le thermomètre marquait 0° ; durant la nuit, il est tombé 20 cm de neige et, ce matin, le thermomètre indique 4° au-dessous de 0.
De combien de degrés la température a-t-elle baissé durant la nuit ?

178. Au supermarché, papa a acheté 2 cartons de 6 bouteilles d'eau chacun. Une bouteille contient 1,5 l. En rangeant les bouteilles, il en a cassé 2.
De combien de bouteilles papa va-t-il pouvoir disposer ?

ORDONNER L'INFORMATION

Les phrases qui composent chaque problème ont été mélangées; réécris chaque énoncé dans l'ordre du récit.

179. Son frère a 4 ans de plus que lui et sa sœur 2 ans de moins que lui. Calcule l'âge de son frère et de sa sœur. Michaël a 8 ans.

180. Combien de personnes ce navire embarque-t-il quand il est complet? Ce navire peut transporter 2 500 passagers. Sur un **paquebot***, l'équipage comprend 195 personnes.

181. On a chargé 21 caisses de 35 kg chacune. Le livreur doit encore emmener une caisse de 55 kg. Une camionnette peut transporter une charge maximum de 800 kg. Pourra-t-il prendre cette dernière caisse?

182. Il est de 20 F pour un enfant. Pour Noël, une mamie emmène ses 5 petits-enfants au cinéma. Calcule la dépense totale pour cette sortie. Le prix d'un billet est de 34 F pour un adulte.

183. Mais ils ne veulent pas dépenser plus de 2 500 F. Pourront-ils alors acheter ces 2 appareils? Ils ont choisi une platine-disques à 1 390 F et une platine-cassettes à 1 295 F. Monsieur et Madame Lebonson voudraient changer plusieurs éléments de leur chaîne hi-fi. (Deux possibilités.)

Attention : on a maintenant mélangé des phrases composant deux problèmes différents. Réécris correctement chaque énoncé.

184. Il se termine à 22 h 30 min. La maîtresse achète 4 boîtes de 6 gommes chacune. Calcule la durée du film. La classe de Prune compte 23 élèves. Un film a commencé à 21 h. Pourra-t-elle donner une gomme à chaque élève?

185. Une source donne 30 l d'eau chaque minute. Une **citerne*** percée laisse échapper 1 l d'eau chaque minute.
Quelle quantité d'eau fournit-elle en 1 h?
Quelle quantité d'eau perd-elle en 1 h?

186. Calcule combien elle a perdu. Une institutrice commande pour sa classe 12 livres à 50 F l'un et 3 dictionnaires à 92 F l'un. Elle l'a payé 175 F et le revend à Sandra pour 140 F. Calcule le montant de sa commande. Élodie a acheté un pantalon trop petit pour elle.

III UTILISER LES NOMBRES

L'ADDITION DE 0 À 100

① d	u
1	2
+	9
2	① 1

Je pose bien les unités sous les unités,
les dizaines sous les dizaines.

187. Effectue.

5	6	4	2	7
+ 3	+ 2	+ 4	+ 5	+ 2

188. Même exercice que **187**

8	3	5	2	9
+ 2	+ 7	+ 4	+ 6	+ 1

189. Le papa de Michel avait 5 poissons dans son aquarium ; il en achète 4.
Combien de poissons a-t-il maintenant ?

190. Gaëlle a acheté un gâteau coûtant 4 F à la pâtisserie et un magazine valant 6 F à la librairie.
Combien a-t-elle dépensé en tout ?

191. Effectue.

9	7	4	6	8
+ 6	+ 5	+ 8	+ 7	+ 3

192. Même exercice que **191**

16	23	40	39	52
+ 8	+ 7	+ 23	+ 16	+ 18

193. Même exercice.

61	36	51	48	67
+ 35	+ 24	+ 29	+ 35	+ 18

36

194. Pose et effectue.

25 + 14 =	77 + 22 =	56 + 33 =
36 + 20 =	60 + 38 =	77 + 23 =
54 + 15 =	44 + 35 =	
48 + 31 =	72 + 27 =	

195. Même exercice que **194.**

34 + 27 =	59 + 8 =	46 + 17 =
48 + 14 =	76 + 4 =	88 + 12 =
56 + 38 =	43 + 42 =	
64 + 19 =	63 + 18 =	

196. 2 classes de CE1 partent en voyage scolaire. Le premier CE1 compte 19 élèves et le deuxième CE1 compte 18 élèves.
Combien d'élèves participent à ce voyage ?

197. Pierre a 7 billes ; il en gagne 5 à la récréation.
Combien de billes a-t-il maintenant ?

198. Effectue sans poser.

54 + 5 =	28 + 23 =	52 + 28 =
23 + 17 =	49 + 36 =	64 + 27 =
68 + 12 =	51 + 39 =	
36 + 25 =	64 + 28 =	

199. Effectue sans poser.

10 + 4 + 4 =	24 + 6 + 5 =	40 + 9 + 3 =
32 + 5 + 8 =	52 + 7 + 7 =	

200. Même exercice que **199.**

34 + 6 + 3 =	50 + 8 + 2 =	44 + 7 + 4 =
68 + 3 + 6 =	71 + 5 + 8 =	

201.   voici le collier de Valérie   voici le collier de Lucie

Compte le nombre de perles de chaque couleur qui les composent.
Calcule le nombre total de perles dans chaque collier.

202. Trois enfants jouent aux fléchettes.
Donne le score de chaque enfant.

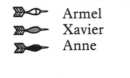

Armel
Xavier
Anne

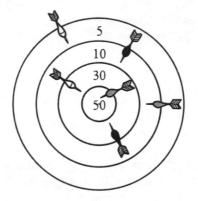

203. Quand Ludovic est né, son papa avait 27 ans ; aujourd'hui, Ludovic a 13 ans.
Quel âge a son papa ?

204. Voici des enfants qui aiment la lecture. Calcule pour chacun le nombre de livres pris dans la bibliothèque de la classe pendant l'année.

	octobre	novembre	décembre	janvier	février	mars	avril	mai	juin
Pierre	2	3	1	3	2	3	2	3	—
Marie	—	3	1	1	2	4	3	1	1
Sophie	2	4	—	2	3	2	2	2	2
Sébastien	1	1	2	3	2	1	2	3	—
Clément	2	3	2	4	2	2	3	2	1
Mélanie	1	—	3	4	2	3	3	—	2

205. Complète.

$$\begin{array}{r} 24 \\ + .. \\ \hline 46 \end{array} \qquad \begin{array}{r} .. \\ + 18 \\ \hline 59 \end{array} \qquad \begin{array}{r} 3. \\ + .2 \\ \hline 77 \end{array} \qquad \begin{array}{r} 31 \\ + 3. \\ \hline .8 \end{array} \qquad \begin{array}{r} .6 \\ + 3. \\ \hline 99 \end{array}$$

206. Même exercice que **205.**

$$\begin{array}{r} 57 \\ + .3 \\ \hline 8. \end{array} \qquad \begin{array}{r} 4. \\ + .1 \\ \hline 60 \end{array} \qquad \begin{array}{r} .8 \\ + 3. \\ \hline 83 \end{array} \qquad \begin{array}{r} .4 \\ + 2. \\ \hline 100 \end{array} \qquad \begin{array}{r} 6. \\ + .9 \\ \hline 100 \end{array}$$

207. Avec l'argent qu'il a reçu pour son anniversaire, Vincent s'est acheté un livre à 37 F, une cassette enregistrée à 56 F et 7 F de bonbons. Quelle somme avait-il reçue ?

208. Monsieur Dumas prépare sa prochaine **randonnée**** à vélo. Il prévoit de rouler 35 km le matin, puis 25 km l'après-midi. Quelle sera la distance parcourue lors de cette randonnée ?

209. Complète cette étiquette :

> Légumes : 55 g
> Chair de thon : <u>38 g</u>
> Poids total :

210. Monsieur et Madame Gourmand vont au cinéma avec leur fille Caroline.
Voici les 3 billets qu'ils ont achetés.
Quelle somme totale ont-ils payée ?

Cinéma	Cinéma	Cinéma
LE SOLEIL	**LE SOLEIL**	**LE SOLEIL**
Plein tarif **36 F**	Plein tarif **36 F**	Demi-Tarif **18 F**

211. Mets le signe qui convient : < , > ou =.

34 + 4 + 6 __ 36 + 6 + 4   28 + 10 + 3 __ 28 + 11 + 3
40 + 10 + 5 __ 10 + 40 + 7   20 + 20 + 10 __ 20 + 10 + 10
32 + 30 + 8 __ 32 + 20 + 18   15 + 15 + 15 __ 16 + 15 + 15

L'ADDITION DE 100 À 1 000

c	d	u	
①	①		
2	7	4	
+ 1	2	7	
4	0	1	
①	①		

Poser une addition, c'est calculer une somme.

212. Calcule rapidement.

180 + 20 =	410 + 80 =	940 = 400 +
170 + 30 =	200 = 150 +	770 = 350 +
500 + 500 =	450 = 200 +	
200 + 300 =	680 = 300 +	

213. Effectue les additions suivantes.

58	144	173	379	457
+ 72	+ 98	+ 204	+ 127	+ 343

501	724	226	464	285
+ 366	+ 98	+ 637	+ 219	+ 97

214. Même exercice que **213**.

179	97	132	473	378
+ 43	+ 407	+ 321	+ 319	+ 353

804	127	312	124	422
+ 145	+ 86	+ 456	+ 379	+ 103
			+ 146	+ 75

215. Pose, puis effectue.

132 + 87 =	137 + 426 =
233 + 95 =	325 + 275 =
77 + 432 =	333 + 444 =
48 + 932 =	666 + 244 =
327 + 13 + 46 =	595 + 78 + 234 =

216. Même exercice.

247 + 347 =	575 + 175 =
522 + 433 =	227 + 449 + 38 =
720 + 200 =	337 + 508 + 19 =
635 + 265 =	544 + 278 + 45 =
408 + 367 =	179 + 27 + 145 + 8 =

217. Complète les additions suivantes.

```
   125        233        522        2..        1.9
 + 2..      + ...      + ...      + 234      + 317
  .69        459        928        .69        .4.
```

218. Même exercice que **217**.

```
   1.4        ...        ...        6.7        .3.
 + 82.      + 349      + 725      + .4.      + 4.2
  .50        779        900        927        909
```

219. Calcule sans poser l'opération.

132 + 18 =	332 + 40 =	350 + 250 =
140 + 17 =	302 + 48 =	472 + 128 =
250 + 15 =	175 + 75 =	
150 + 75 =	225 + 75 =	

220. Pierre a 133 F dans sa tirelire. Marc a 79 F de plus que lui.
Combien Marc a-t-il dans sa tirelire ?

221. Papa a acheté un pantalon 478 F et une chemise 243 F.
Combien a-t-il dépensé en tout ?

222. Joël a 147 billes de plus que Samuel, qui en a 297.
Trouve la question et réponds.

223. Dans son album, Jérôme a 237 timbres français et 179 timbres
étrangers.
Son oncle lui donne 59 timbres.
De combien de timbres se compose maintenant la collection de Jérôme ?

224. Voici les effectifs des 5 classes d'une école.
Calcule le nombre total d'élèves.

CP	CE1	CE2	CM1	CM2
22	23	28	31	32

225. Au départ d'une course en vélo tout terrain, il y a 472 hommes et 228 femmes.
Que peux-tu calculer?

226. Un marchand de journaux a vendu 137 quotidiens le matin et 193 l'après-midi.
Que peux-tu calculer?

227. Un chauffeur-routier parcourt 278 km le matin et 327 km l'après-midi; le lendemain, il roule encore pendant 545 km.
Quelle distance totale a-t-il parcourue durant ces deux jours?

228. Pour ses étrennes, Wesley reçoit 145 F ainsi que Cyril, son petit frère. Sandra reçoit autant que les deux garçons réunis.
Quelle somme reçoit Sandra?
Quelle est la somme totale distribuée aux enfants?

229. Les distances **respectives*** des quatre premières étapes d'un Tour de France sont les suivantes :
27 km contre la montre; 173 km; 225 km; 247 km.
Trouve la question et réponds.

L'ADDITION DE 1 000 À 10 000

Voici ce que monsieur et madame Closier ont dépensé pour une semaine de vacances :
Hôtel : 1 470 F ; restaurant : 985 F ; essence : 705 F ; loisirs : 1 295 F.
Calcule leur dépense totale (en F).

1 470 + 985 + 705 + 1 295 = 4 455

230. Effectue.

503	827	+ 365	97
+ 682	+ 413	+ 508	+ 180
		+ 414	+ 375

231. Même exercice que **230**.

237	2 463	2 835	105
+ 48	+ 517	+ 412	+ 3 694
+ 725		+ 3 527	+ 3 901

232. Pose et effectue.

431 + 76 =   3 374 + 177 + 2 700 =
1 615 + 319 =   63 + 1 125 + 418 =

233. Même exercice que **232**.

8 715 + 185 =   315 + 1 734 + 178 =
3 274 + 1 625 + 2 410 =   7 + 139 + 4 114 =

234. Même exercice que **232**.

2 712 + 117 + 45 =   6 300 + 1 273 + 138 =
327 + 1 115 + 8 =   816 + 5 789 + 436 =
2 076 + 36 + 468 =

235. Complète les additions suivantes.

2 607	4 714	. . 3 .	1 . . .
+ . . 6 .	+ . 4 . 5	+ 7 3 . 6	+ . 737
4 968	8 . 6 .	9 054	9 007

236. Fabienne avait 1 578 F sur son livret de Caisse d'épargne. Aujourd'hui, elle verse 375 F.
De quelle somme dispose-t-elle maintenant ?

237. Monsieur et madame Florent achètent un téléviseur valant 3 115 F et un magnétoscope coûtant 2 990 F.
Quelle somme dépensent-ils?

238. David regarde le nombre de pages de chacun des trois volumes de son **encyclopédie★**. Il trouve qu'ils ont respectivement 1 024 pages, 1 056 pages et 1 104 pages.
Quel est le nombre total de pages de cette encyclopédie?

239. Le vélo de Philippe a coûté 995 F. Celui de Yannick vaut 75 F de plus.
Quel est le prix du vélo de Yannick?

240. Monsieur Constant a noté les différentes dépenses qu'il a faites sur sa voiture au cours des trois derniers mois :
. carburant : 950 F,
. pneus : 638 F,
. révisions : 732 F.
Combien a-t-il dépensé pour sa voiture au cours de cette période?

241. Ce tableau représente le nombre de pull-overs en **stock★** dans une usine.
Complète les deux cases vides et indique ce que tu as calculé.

	Pulls bleus	Pulls verts	Pulls violets	
Taille S	107	39	58	
Taille M	86	5	37	
Taille L	74	82	18	

Que pouvais-tu encore calculer?

242. Dans une commune, on compte les enfants **scolarisés★**. On dénombre ainsi :
. écoles maternelles : 714 enfants,
. CP : 236 enfants,
. CE : 425 enfants,
. CM : 398 enfants.
Dans cette commune, combien d'enfants vont à l'école?

243. Dans un cirque, 188 personnes assistent à la représentation et il reste 59 places vides.
Que peux-tu calculer?

244. Imagine un problème correspondant à l'opération $1\,605 + 119$.

245. Pour équiper leur cuisine, monsieur et madame Closier ont acheté un réfrigérateur à 2 390 F, une cuisinière à 2 450 F et un lave-vaisselle au prix de 3 305 F.
Pose la question et réponds.

246. Maman récapitule une partie de ses dépenses du mois.
Aide-la à faire ses comptes en complétant les cases vides de ce tableau :

	1re semaine	2e semaine	3e semaine	4e semaine	
Nourriture	1 012	875	963	1 045	
Vêtements	128	1 050	45	375	1 598
Loisirs	160	395	725	340	1 620
Transports	770	214	276	320	
	2 070		2 009		

Que représente le résultat trouvé dans la case grise?
Quelle remarque peux-tu faire sur la façon de trouver ce résultat?

247. Observe le tableau suivant, puis réponds aux questions :

Population de la commune de Chantons-sous-la-Pluie	
Filles (− 18 ans)	1 634
Garçons (− 18 ans)	1 529
Hommes (de 18 à 65 ans)	1 837
Femmes (de 18 à 65 ans)	2 023
Hommes (+ de 65 ans)	542
Femmes (+ de 65 ans)	694

Quelle est la population totale de cette commune?
Quelle est la population masculine totale de la commune?
Quelle est la population âgée de moins de 18 ans?

248. Dans une usine automobile, on **produit**⋆ aujourd'hui 245 exemplaires d'un modèle et 363 d'un autre modèle.
Quelle a été la production totale pour cette journée?

249. Les 5 premiers gagnants d'un concours ont reçu chacun la somme suivante :
1ᵉʳ : 5 000 F; 2ᵉ : 3 000 F; 3ᵉ : 1 000 F; 4ᵉ : 500 F; 5ᵉ : 250 F.
Calcule la somme totale distribuée à ces 5 gagnants.

250. Imagine un problème correspondant à l'opération 8 995 + 305.

251. Pose les additions qui correspondent aux nombres donnés dans chaque maison, puis indique la valeur de chaque étiquette.
A = ___   B = ___   C = ___   D = ___

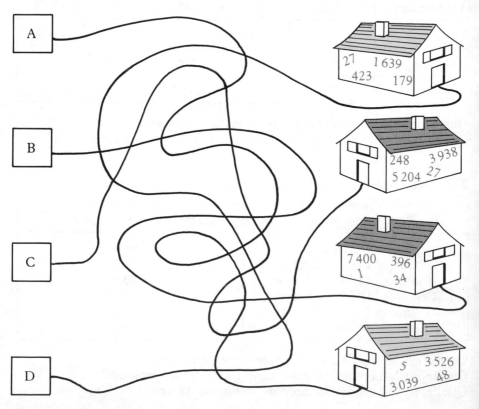

LA SOUSTRACTION DE 0 À 100

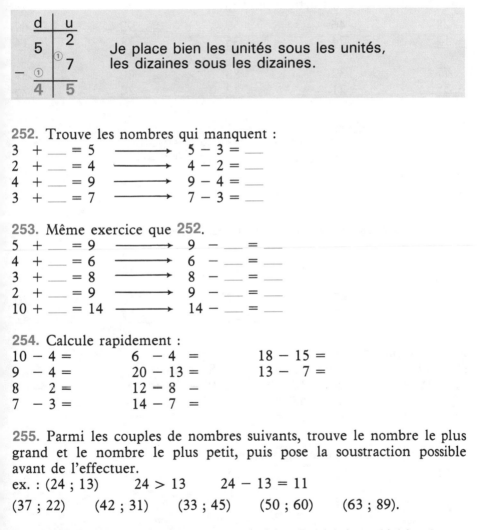

d	u
5	① 2
— ①	7
4	5

Je place bien les unités sous les unités, les dizaines sous les dizaines.

252. Trouve les nombres qui manquent :
$3 + \underline{\ \ } = 5 \longrightarrow 5 - 3 = \underline{\ \ }$
$2 + \underline{\ \ } = 4 \longrightarrow 4 - 2 = \underline{\ \ }$
$4 + \underline{\ \ } = 9 \longrightarrow 9 - 4 = \underline{\ \ }$
$3 + \underline{\ \ } = 7 \longrightarrow 7 - 3 = \underline{\ \ }$

253. Même exercice que **252**.
$5 + \underline{\ \ } = 9 \longrightarrow 9 - \underline{\ \ } = \underline{\ \ }$
$4 + \underline{\ \ } = 6 \longrightarrow 6 - \underline{\ \ } = \underline{\ \ }$
$3 + \underline{\ \ } = 8 \longrightarrow 8 - \underline{\ \ } = \underline{\ \ }$
$2 + \underline{\ \ } = 9 \longrightarrow 9 - \underline{\ \ } = \underline{\ \ }$
$10 + \underline{\ \ } = 14 \longrightarrow 14 - \underline{\ \ } = \underline{\ \ }$

254. Calcule rapidement :
$10 - 4 = \qquad 6 - 4 = \qquad 18 - 15 =$
$9 - 4 = \qquad 20 - 13 = \qquad 13 - 7 =$
$8 \quad 2 = \qquad 12 - 8 \quad -$
$7 - 3 = \qquad 14 - 7 \ =$

255. Parmi les couples de nombres suivants, trouve le nombre le plus grand et le nombre le plus petit, puis pose la soustraction possible avant de l'effectuer.
ex. : $(24 ; 13) \qquad 24 > 13 \qquad 24 - 13 = 11$
$(37 ; 22) \qquad (42 ; 31) \qquad (33 ; 45) \qquad (50 ; 60) \qquad (63 ; 89).$

256. Jacques avait 9 images; son petit frère Paul lui en déchire 3. Combien d'images lui reste-t-il ?

257. Marine a 8 ans de moins que Julien qui a 19 ans. Quel est l'âge de Marine ?

258. Florent a 17 billes; Sylvie en a 9 de moins que lui. Combien possède-t-elle de billes?

259. Loïc a 14 F.
Combien d'argent lui restera-t-il s'il achète une revue à 6 F?

260. Effectue les soustractions suivantes.

28	46	59	99	67
− 12	− 24	− 35	− 78	− 14

77	32	83	80	39
− 55	− 21	− 42	− 20	− 25

261. Pose puis effectue.

72 − 31 =	95 − 34 =	69 − 59 =
43 − 21 =	47 − 26 =	97 − 57 =
76 − 44 =	78 − 72 =	
88 − 66 =	84 − 52 =	

262. Effectue les soustractions suivantes.

48	55	26	64	38
− 29	− 36	− 19	− 45	− 19

74	47	67	60	70
− 59	− 28	− 39	− 27	− 27

263. Pose puis effectue.

98 − 49 =	61 − 45 =	80 − 14 =
31 − 18 =	35 − 19 =	90 − 77 =
42 − 13 =	77 − 58 =	
23 − 15 =	53 − 24 =	

264. Complète les opérations suivantes.

59	37	42	78	8 .
− . .	− . .	− . 1	− 4 .	− 13
24	15	1 .	. 2	. 1

265. Même exercice que **264.**

66	83	. .	. .	. 8
− . .	− 4 .	− 37	− 44	− 3 .
33	40	52	35	46

48

266. Recopie et complète les tableaux suivants.

267. Même exercice.

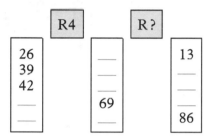

268. Valérie va à la patinoire avec Christophe et Émilie. Elle a 20 F, Christophe a 50 F et Émilie 100 F. L'entrée coûte 18 F.
Quelle est la somme rendue par la caissière à chaque enfant?

269. Éric a 72 billes; il en perd 13, puis 27.
Combien lui en reste-t-il?

270. 98 concurrents ont pris le départ d'un **marathon***; 59 franchissent la ligne d'arrivée.
Trouve la question et réponds.

271. Véronique a vu en vitrine une jolie montre valant 85 F. La fillette ne possède que 47 F.
Quelle somme devra-t-elle demander à maman pour pouvoir l'acheter?

272. L'autobus qui assure le transport des enfants à l'école contient 52 places assises. 38 de ces places sont déjà occupées.
Combien d'enfants peuvent encore monter?

273. Un cycliste part en randonnée. Le compteur kilométrique de son vélo affiche 31 km. À l'arrivée, il marque 80 km.
Que peux-tu calculer?

LA SOUSTRACTION DE 100 À 1 000

c		d		u
5	①	7	①	4
− ① 2	①	8	①	6
2		8		8

Poser une soustraction, c'est calculer une différence.

274. Effectue l'opération.

389	537	909	296	768
− 168	− 406	− 308	− 134	− 253

275. Même exercice que **274**.

238	376	435	819	476
− 26	− 154	− 152	− 35	− 382

276. Effectue l'opération.

875	294	975	400	207
− 84	− 116	− 886	− 9	− 147

277. Même exercice que **276**.

209	577	905	230	378
− 178	− 387	− 408	− 174	− 279

278. Avec chacun des couples suivants, pose et effectue une soustraction.
(123 ; 89)   (48 ; 303)   (207 ; 321)   (122 ; 174).

279. Même exercice que **278**.
(808 ; 903)   (726 ; 294)   (517 ; 714)   (396 ; 287).

280. Pose et effectue la soustraction.
$212 - 129 =$ $904 - 185 =$
$463 - 76 =$ $766 - 257 =$
$819 - 72 =$

281. À partir des 3 nombres suivants, pose et effectue toutes les soustractions possibles.
28 - 139 - 205.

282. Voici quatre des derniers achats effectués par monsieur Personne.
1. Réponds par VRAI ou FAUX :
. la radio n'est pas l'achat le plus cher,
. le dictionnaire coûte 329 F de moins que la veste.
2. De combien la veste est-elle plus chère que la radio?
3. Le tableau vaut 40 F de moins que la veste et la radio réunies. Quel est donc son prix?

96 F   310 F   415 F

283. Calcule les distances suivantes :
Dax - Orthez
Pau - Tarbes
Dax - Tarbes

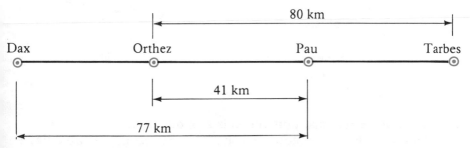

284. Le père de Stéphanie a enregistré un film durant 94 min sur une cassette-vidéo de 180 min.
Peut-il encore enregistrer sur cette cassette un autre film de 75 min?

285. Voici des étiquettes d'articles **soldés**⋆.
Peux-tu aider Camille à calculer le montant de chaque **réduction**⋆?

286. Pour Noël, Philippe avait reçu 360 F. Il a dépensé 298 F pour s'acheter un survêtement.
Quelle somme lui reste-t-il?

287. Sur un cahier de 196 pages, David a déjà utilisé 139 pages.
Que peux-tu calculer?

288. La bibliothèque de l'école se compose de 875 livres. Actuellement, 338 livres sont prêtés aux élèves.
Combien de livres sont encore **disponibles***?

289. Pour s'acheter un nouvel appareil-photo valant 740 F, Yann a revendu son ancien appareil 175 F.
Quelle somme lui manque-t-il encore?

290. Dans une course à pied, 294 coureurs ont été classés. Christophe est arrivé 57ᵉ.
Combien de coureurs sont arrivés avant lui? Combien sont arrivés après lui?

291. Le vélo de Grégory a coûté 299 F; celui de Mady 370 F.
Quel est le vélo le plus cher? De combien?

292. Loïc dit à Emmanuel : « Charlemagne a vécu de 742 à 814; il est donc mort à l'âge de 62 ans. »
Loïc n'a-t-il pas fait une erreur?

293. Observe ce schéma, puis réponds à la question.
Monsieur Député s'est rendu en voiture de Strasbourg à Bruxelles en passant par Paris. Le compteur de sa voiture lui indique qu'il a parcouru 750 km.
Quelle est la distance séparant Paris de Bruxelles?

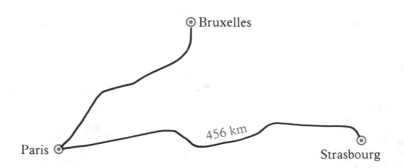

LA SOUSTRACTION DE 1 000 À 10 000

Monsieur Vincent part en vacances. Le compteur kilométrique de son véhicule indique 7 370 km. Quand il arrive à destination, le compteur marque 8 135 km.
Quelle distance monsieur Vincent a-t-il parcourue (en km)?

$$8\,135 - 7\,370 = 765$$

294. Effectue.

2 348	4 526	7 119	6 418	9 758
− 1 225	− 1 213	− 2 015	− 4 303	− 5 040

295. Même exercice que **294.**

3 519	6 037	7 844	1 503	9 054
− 1 345	− 4 119	− 1 356	− 849	− 3 668

296. Pose et effectue.

2 514 − 1 303 =   6 526 − 5 207 =
3 045 − 2 036 =   9 417 − 3 624 =
8 927 − 6 435 =

297. Même exercice que **296.**

3 125 − 3 019 =   9 400 − 9 299 =
5 637 − 4 485 =   8 156 − 6 930 =
7 041 − 2 617 =

298. Compare les nombres suivants en utilisant les signes < ou > et pose ensuite l'opération pour calculer leur différence.
4 532 ___ 3 275   8 250 ___ 7 936
1 947 ___ 2 526   5 260 ___ 5 160
6 039 ___ 6 339

299. Même exercice que **298.**
7 021 ___ 7 041   4 012 ___ 4 120
9 465 ___ 9 456   3 000 ___ 2 999
6 567 ___ 6 765

300. Ces deux meubles valent ensemble 5 000 F.
Quel est le prix du buffet?

301. Observe et réponds à la question.
Quel est le montant de la **remise***?

302. Pierre veut acheter un vélo; il hésite entre un jaune et bleu valant 1 250 F et un blanc et vert valant 995 F. Il se décide enfin pour le deuxième.
Quelle est son **économie***?

303. Un stade peut contenir 10 000 personnes. Pour un match de football, 7 391 billets ont été vendus.
Combien reste-t-il de places libres?

304. Le cirque qui s'est installé dans notre commune peut contenir 1 850 personnes. 1 190 billets d'entrée ont été vendus.
Combien y aura-t-il de places libres?

305. Complète.

1 527	4 885	3 519	7 026	9 381
− . . .	−	− . . 8 .	− 3 . . 2	− . . . .
1 421	1 271	2 0 . 4	. 34 .	5 954

306. Un chauffeur de camion livre des pommes de terre. Il s'arrête une première fois pour en livrer 2 890 kg et une deuxième fois pour en déposer 4 495 kg.
Sachant qu'il transportait au départ 9 300 kg de pommes de terre, combien lui en reste-t-il?

307. Cherche dans ton dictionnaire l'altitude du mont Everest (Asie) et celle du mont Blanc (Europe).
Calcule leur différence.

308. Vasco de Gama, grand navigateur portugais, est né en 1469 et mort en 1524.
Combien de temps a-t-il vécu?
En 1497, il a découvert la route des Indes.
Quel âge avait-il alors?

309. Monsieur et madame Cousin veulent acheter un téléviseur couleur de 4 850 F et un magnétoscope de 3 790 F, mais désirent ne pas dépasser la somme de 9 000 F.
Peuvent-ils faire l'**acquisition**★ de ces deux objets?
Trouve la somme qui leur manque ou qui leur reste.

310. Monsieur Valentin pratique la course à pied. Voici ce qu'il a parcouru à l'entraînement durant les trois dernières années:
1988 : 1 530 km
1989 : 2 225 km
1990 : 3 078 km
Calcule l'augmentation des distances parcourues entre:
● 1988 et 1989
● 1989 et 1990
● 1988 et 1990

ADDITION ET SOUSTRACTION

Pierre possédait 100 F. Il a acheté un jeu valant 43 F et un livre coûtant 18 F. Combien lui reste-t-il (en F)?

$$100 - (43 + 18) = 100 - 61 = 39$$

311. Trouve le signe qui convient.

21 __ 7 = 14	41 __ 11 = 30
34 __ 9 = 43	214 __ 8 = 222
82 __ 18 = 100	153 __ 7 = 160
203 __ 42 = 161	642 __ 35 = 677
550 __ 75 = 475	259 __ 9 = 250

312. Effectue.

186	51	186	128	608
+ 45	− 16	− 68	+ 75	− 99
			+ 49	

313. Pose et effectue.

$186 + 34 + 3 + 79 =$ $718 - 36 =$
$818 + 17 + 9 =$ $265 - 89 =$
$239 + 174 + 49 =$

314. Pose et effectue.

$212 + 8 + 39 =$ $8 + 715 + 65 =$
$315 - 19 =$ $496 + 9 + 179 =$
$714 - 143 =$

315. Pose et effectue (calcule d'abord le nombre entre parenthèses).

$(138 + 27) - 63 =$ $(286 + 603) - 592 =$
$(345 - 16) + 126 =$ $(239 - 73) + 147 =$
$(35 + 18 + 49 + 7) - 74 =$

316. Émilie s'est acheté une bande dessinée à 32 F, un classeur à 15 F et une pochette de stylos valant 18 F.
Combien a-t-elle dépensé?

317. Maman donne à Vincent un billet de 50 F afin qu'il aille s'acheter un ballon.
Celui qu'il choisit coûte 29 F.
Quelle somme Vincent doit-il rapporter?

318. Les 23 élèves de la classe de Frédéric sont montés dans un car. Il reste encore 36 places libres.
Combien le car contient-il de places?

319. Ce matin, Romain est parti à l'école avec 74 billes. Le soir, il rentre avec 58 billes.
En a-t-il gagné ou perdu?
Combien?

320. Observe ces étiquettes.

Ludovic achète le jeu électronique et la cassette.
Combien paie-t-il?
Combien a-t-il économisé sur le jeu électronique?

321. Ce tableau récapitule la production de **viennoiserie**★ du boulanger du village pour la journée de dimanche.

	1re fournée	2e fournée	Total
Croissants	50	30	—
Pains au chocolat	40	20	—
Chaussons aux pommes	35	25	—

Complète les cases vides.
Écris l'opération qui permet de calculer le total de sa production au cours de sa 1re fournée.

322. Effectue.

$$
\begin{array}{r} 1\,359 \\ -1\,142 \end{array}
\qquad
\begin{array}{r} 1\,277 \\ -\ \ 792 \end{array}
\qquad
\begin{array}{r} 4\,729 \\ -2\,792 \end{array}
\qquad
\begin{array}{r} 1\,444 \\ +3\,779 \\ +\ \ 195 \end{array}
\qquad
\begin{array}{r} 2\,174 \\ -1\,189 \end{array}
$$

323. Pose puis effectue.

$1\,239 + 1\,492 + \ 179 =$ $\qquad$ $5\,543 - 3\,999 =$

$1\,942 + 9 + 4\,342 + 729 =$ $\qquad$ $2\,729 + 8 + 19 + 3\,702 =$

$4\,720 - 3\,002 =$

324. Pose puis effectue (calcule d'abord le nombre entre parenthèses).

$(1\,742 - 972) + 4\,723 =$ $(2\,450 + 39 + 179) - 1\,066 =$

$(1\,329 + 42 + 172) - 998 =$ $(1\,770 + 3\,934) - (5\,312 - 2\,091) =$

$(7\,029 - 5\,343) - 193 =$

325. Trouve le signe qui convient : $+$ ou $-$.

$973 \_\_ 12 = 985$ $7\,542 \_\_ 128 = 7\,670$

$497 \_\_ 490 = 7$ $3\,727 \_\_ 2\,742 = 6\,469$

$1\,349 \_\_ 19 = 1\,330$

326. Même exercice que **325**.

$2\,750 \_\_ 150 = 2\,900$ $8\,742 \_\_ 10 = 8\,732$

$7\,302 \_\_ 1\,450 = 5\,852$ $5\,563 \_\_ 563 = 5\,000$

$3\,427 \_\_ 53 = 3\,374$

327. À un péage d'autoroute, 4 727 véhicules sont passés durant la matinée et 5 142 pendant l'après-midi.
Quel est le nombre total de véhicules passés dans la journée?
Sur ce nombre, 1 359 véhicules étaient des poids lourds.
Combien y avait-il de voitures de tourisme?

328. Un micro-ordinateur et son imprimante coûtent 7 847 F.
Sachant que l'imprimante vaut à elle seule 1 782 F, quel est le prix du micro-ordinateur?

329. Pour son anniversaire, Nicolas voudrait acheter un jeu électronique d'une valeur de 349 F.
Son oncle lui donne 150 F et sa grand-mère 130 F.
Nicolas possédait déjà 38 F dans sa tirelire.
Combien lui manque-t-il encore pour pouvoir acheter ce jeu?

330. Un alpiniste descend une paroi rocheuse. Il se sert d'une corde de 50 m de longueur. Il en a déjà utilisé 37 m.
Que peux-tu calculer?

331. Alexandre a 11 ans en 1990.
Quel âge aura-t-il en 2010?

332. Pour une rencontre de football, on a vendu 1 743 billets le mardi, 2 948 le jeudi et 3 529 le samedi.
Le stade disposant de 10 000 places, combien y aura-t-il de places inoccupées lors de la rencontre?

333. Observe le dessin et dis quelle est la plus grande des deux petites filles.

334. Pour sa fête, Corinne a acheté ce qu'il faut pour préparer un goûter à ses amies :
. 4 bouteilles de coca-cola à 8 F l'une,
. 3 tablettes de chocolat à 9 F l'une,
. 2 paquets de bonbons à 12 F l'un et 2 grandes tartes aux fraises.
Elle a payé le tout 213 F.
Quel est le prix des tartes aux fraises ?

335. Monsieur Antoine veut fabriquer une étagère de 120 cm. Dans son garage, il prend une planche de 3 m et coupe le morceau dont il a besoin.
Calcule (en cm) la longueur de planche qui lui reste.

336. Lors d'une rencontre d'athlétisme, le vainqueur a sauté 5 m et 85 cm au saut à la perche. Le second a sauté 15 cm de moins.
À quelle hauteur ce dernier a-t-il sauté ?

337. Avant de partir en vacances, papa achète trois pellicules photos : l'une de 36 poses, une autre de 24 poses et une dernière de 12 poses.
Combien de photos papa pourra-t-il prendre ?

338. Un autobus transporte 48 passagers. Arrivé au collège, 34 personnes descendent et 7 montent.
Combien de passagers emporte-t-il en repartant ?

339. Martin a 9 ans. Son cousin Sergio a 14 ans.
Quelle est la différence d'âge entre les deux garçons ?

340. Deux frères veulent mettre en commun leurs économies. Claude a 45 F. Jean-Michel possède 39 F.
Quelle somme auront-ils à eux deux?

341. Jean-Claude avait 36 images en arrivant à l'école, le matin. À la récréation de 10 h, il en gagne 17. À la récréation de l'après-midi, il en perd 9.
Combien d'images a t-il à la fin de la première récréation?
Combien d'images a t-il à la fin de la deuxième récréation?

342. Chez un épicier, maman achète 2 plateaux de pêches. Le premier contient 24 pêches et le second 8 de plus que le premier.
Combien de pêches y a-t-il dans le 2e plateau?
Combien de pêches maman a-t-elle acheté en tout?

343. Sur une première étagère, Alain compte 43 livres. Il en dénombre 13 de moins sur l'étagère d'à côté.
Combien y a-t-il de livres sur la 2e étagère?
Combien y a-t-il de livres en tout?

344. Anne a 7 ans de plus que Marine qui a 14 ans.
Quel est l'âge de Anne?

345. Maman a donné 50 F à Sandra pour qu'elle aille acheter deux magazines. L'un coûte 20 F, l'autre 17 F.
Combien Sandra va-t-elle payer?
Combien Sandra rendra-t-elle à sa maman?

346. Lors de la rentrée scolaire, un instituteur n'avait que 25 livres de géographie pour ses 32 élèves.
Combien lui manquait-il de livres?

347. Isabelle a acheté un bermuda à 109 F et un blouson à 399 F.
Combien a-t-elle dépensé?

348. Voici 4 grands fleuves français :
la Seine : 776 km; le Rhône : 812 km; la Loire : 1 012 km; la Garonne : 647 km.
Classe-les du plus long au plus court.
Calcule la différence de longueur entre la Loire et la Garonne.

349. Un pilote automobile participe à une course de 352 km. Malchanceux, il tombe en panne à 208 km du départ.
Quelle est, en km, la distance qui lui restait à parcourir?

350. Une palette de porc pèse 2 050 g avec son os. Désossé, le morceau de viande ne pèse plus que 1 800 g.
Quelle est, en g, la masse de l'os?

351. Le directeur d'une école reçoit 6 840 F de la mairie pour acheter des fournitures. Il commande pour 2 765 F de livres et pour 1 937 F de matériel pour le travail manuel.
Quel est le montant total de ses commandes?
Quelle somme lui reste-t-il?

352. Papa paie un canot pneumatique 1 700 F et un petit moteur 2 575 F.
Quel est le montant de ses achats?
Le vendeur lui accorde une **réduction*** de 320 F.
Combien papa paiera-t-il en réalité?

353. Monsieur et madame Lebois achètent une table de cuisine à 1 940 F et un buffet à 4 995 F. Le vendeur leur fait une **réduction*** de 550 F.
Combien Monsieur et madame Lebois vont-ils payer?

354. Observe ce dessin puis réponds à la question :
Quelle est la masse des poires?

2 750 g   365 g

355. Il y a en France 2 000 km de pistes cyclables contre 23 000 en Allemagne.
Combien de kilomètres de pistes cyclables l'Allemagne a-t-elle de plus que la France?

LA MULTIPLICATION PAR UN NOMBRE À UN CHIFFRE

$$3 + 3 + 3 + 3 = 3 \times 4 = 12$$
$$3 \times 4 = 4 \times 3 = 12$$

356. Écris sous la forme d'un produit.
ex : $4 + 4 + 4 = 4 \times 3$

$4 + 4 = 4 \times$ ___   ___ $2 + 2 = 2 \times$ ___
$8 + 8 + 8 + 8 = 8 \times$ ___ $4 + 4 + 4 + 4 + 4 =$ ___ $\times$ ___
$5 + 5 + 5 + 5 = 5 \times$ ___ $3 + 3 + 3 =$ ___ $\times$ ___
$9 + 9 + 9 = 9 \times$ ___   ___ $6 + 6 + 6 + 6 =$ ___ $\times$ ___
$7 = 7 \times$ ___   ___ $0 + 0 + 0 =$ ___ $\times$ ___

357. Écris les sommes correspondant aux produits suivants.
ex : $6 \times 3 = 6 + 6 + 6$

$2 \times 5 =$ $5 \times 2 =$ $0 \times 3 =$ $3 \times 2 =$ $2 \times 3 =$
$4 \times 5 =$ $5 \times 4 =$ $4 \times 4 =$ $1 \times 3 =$ $3 \times 1 =$

358. La flèche signifie : « représente le même nombre que ». Recopie et trace toutes les flèches.

$2 + 2$		3×4
$3 + 3 + 3 + 3$		5×3
$5 + 5 + 5$		2×2
$8 + 8 + 8 + 8$		6×5
$6 + 6 + 6 + 6 + 6$		8×4

359. Complète par le signe $<$, $>$ ou $=$.

5×6 ___ 5×8 $4 + 4 + 4$ ___ 4×2
4×2 ___ 4×4 $6 + 6$ ___ 6×1
10×1 ___ 10×0 $2 + 2 + 2$ ___ 2×4
4×7 ___ 4×5 $5 + 5 + 5$ ___ 5×3
7×6 ___ 6×7 $8 + 8 + 8 + 8$ ___ 8×2

360. Écris les produits suivants dans l'ordre croissant.

5×8 4×8 7×8 8×8 6×8 3×8

III UTILISER LES NOMBRES

361. Calcule les produits suivants.
ex : $12 \times 4 = 12 + 12 + 12 + 12 = 48$

$9 \times 3 =$ $7 \times 4 =$ $6 \times 6 =$
$15 \times 3 =$ $19 \times 4 =$

362. Utilise la méthode de l'exercice précédent et complète les tableaux avec les résultats trouvés.

×	2	7	6	5	3
8					
4					

×	3	7	6	4	2
2					
5					

363. Recopie et complète le tableau suivant (table de Pythagore).

×	1	2	3	4	.	.	.
1							
2							
3							
.							
.							

364. Calcule le poids de 4 cartons de kiwis, chaque carton pesant 6 kg.

365. Un **luminaire**★ est composé de 8 lampes.
Combien faudra-t-il d'ampoules pour équiper 5 luminaires identiques à celui-ci ?

366. Philippe a 5 images. Francine en a le double.
Que peux-tu calculer ?

367. Un cahier coûte 4 F.
Calcule le prix de 9 cahiers.

368. À la boulangerie, Fiona achète 6 gâteaux à 7 F l'un.
Combien paiera-t-elle ?

369. Un fleuriste reçoit 5 caissettes de 12 **plants**★ de rosiers.
Combien a-t-il de plants en tout ?

370. Patrice a acheté 5 croissants valant chacun 3 F.
Combien a-t-il payé ?

371. Pour la classe, la maîtresse a acheté 14 bâtons de colle valant chacun 7 F. Combien a-t-elle payé?

372. Yannick a acheté 4 cassettes enregistrées valant 68 F chacune. Combien a-t-il payé?

373. Dans un seau, un fleuriste a disposé 10 bouquets de tulipes. Chaque bouquet est composé de 9 fleurs.
Combien de tulipes le seau contient-il?

374. Au début de l'année scolaire, un instituteur distribue 4 cahiers à chacun des 26 élèves de sa classe.
Combien de cahiers a-t-il distribués?

375. Effectue les opérations suivantes.

13	11	27	39	62
× 3	× 2	× 4	× 5	× 4

53	72	89	75	80
× 4	× 2	× 3	× 5	× 3

376. Même exercice que le **375**.

29	37	72	43	50
× 6	× 7	× 8	× 6	× 9

133	242	768	149	230
× 3	× 5	× 6	× 9	× 8

377. Pose puis effectue.
$20 \times 3 =$ $42 \times 7 =$ $62 \times 8 =$ $47 \times 4 =$ $78 \times 6 =$
$15 \times 9 =$ $55 \times 6 =$ $40 \times 3 =$ $190 \times 2 =$ $200 \times 5 =$

378. Même exercice que le **377**.
$133 \times 2 =$ $461 \times 3 =$ $103 \times 6 =$ $402 \times 5 =$ $607 \times 3 =$
$237 \times 8 =$ $127 \times 5 =$ $223 \times 1 =$ $509 \times 4 =$ $394 \times 7 =$

379. Complète
le tableau suivant.

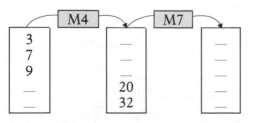

380. Complète les opérations suivantes.

2 . .	. .	. 1	5 . 7	. . 3
× 7	× 2	× 4	× 3	× 8
1 470	86	20 .	. . 5 .	98 .

381. Même exercice que le **380.**

. . .	. . .	. . 2	120	. 4 .
× 2	× 4	× 3	× . . .	× 5
1 046	408	69 .	720	1 200

382. Au supermarché, un client achète 4 paquets de café à 12 F l'un.
Combien paiera-t-il?

383. Un paquet contient 15 sucettes.
Combien de sucettes y a-t-il dans 8 paquets?

384. Papa achète 6 disques compacts à 97 F l'un.
Trouve la question et réponds.

385. Une famille utilise 112 l d'eau par jour.
Calcule sa consommation pour une semaine.

386. La distance de Paris à Bordeaux est de 561 km. Un représentant fait 2 fois l'aller retour dans la semaine.
Calcule la distance ainsi effectuée.

387. Un immeuble est composé de 9 étages. Il y a 23 appartements par étage.
Calcule le nombre d'appartements de cet immeuble.

388. Pour faire un collier, Anne-Rose utilise 5 perles vertes, 8 perles rouges, 3 perles noires.
Combien de perles de chaque sorte utilisera-t-elle pour faire 6 colliers?

389. Une école a reçu 3 cartons de 5 paquets de 25 cahiers.
De combien de cahiers dispose cette école?

390. Un train est composé de 7 wagons de 68 places chacun.
Trouve la question et réponds.

391. Une secrétaire travaille 8 heures par jour, sauf le samedi et le dimanche.
Calcule le nombre d'heures de travail de cette femme pour une semaine, pour 4 semaines.

LA MULTIPLICATION PAR 10, 100, 1000

$$10 + 10 + 10 + 10 = 40$$
$$4 \times 10 = 40$$
$$7 \times 100 = 700$$
$$6 \times 1\,000 = 6\,000$$

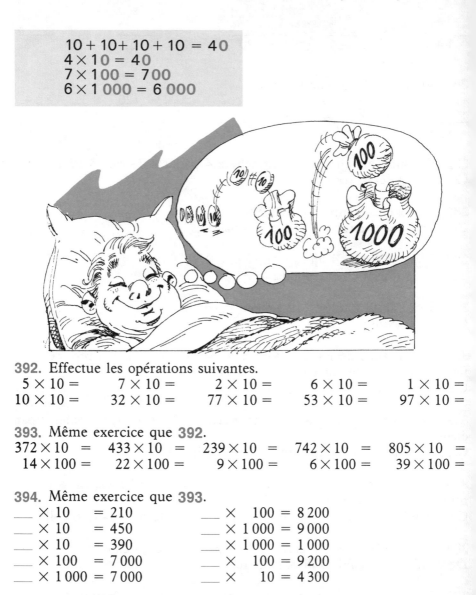

392. Effectue les opérations suivantes.

$5 \times 10 =$	$7 \times 10 =$	$2 \times 10 =$	$6 \times 10 =$	$1 \times 10 =$
$10 \times 10 =$	$32 \times 10 =$	$77 \times 10 =$	$53 \times 10 =$	$97 \times 10 =$

393. Même exercice que **392**.

$372 \times 10 =$	$433 \times 10 =$	$239 \times 10 =$	$742 \times 10 =$	$805 \times 10 =$
$14 \times 100 =$	$22 \times 100 =$	$9 \times 100 =$	$6 \times 100 =$	$39 \times 100 =$

394. Même exercice que **393**.

___ $\times 10 = 210$	___ $\times\ 100 = 8\,200$
___ $\times 10 = 450$	___ $\times 1\,000 = 9\,000$
___ $\times 10 = 390$	___ $\times 1\,000 = 1\,000$
___ $\times 100 = 7\,000$	___ $\times\ 100 = 9\,200$
___ $\times 1\,000 = 7\,000$	___ $\times\ 10 = 4\,300$

395. Calcule rapidement.

$(3 \times 1\,000) + (5 \times 100) + (4 \times 10) + 4 =$
$(4 \times 1\,000) + (3 \times 100) + (7 \times 10) + 1 =$
$(7 \times 1\,000) + (9 \times 100) + (1 \times 10) + 8 =$
$(5 \times 1\,000) + (2 \times 100) + (9 \times 10) =$
$(22 \times 100) + (3 \times 10) + 9 =$

396. Recopie et complète les tableaux ci-dessous.

M10	7	14	34	—	—	27	727	—	555
	—	—	—	50	500	—	—	1 000	—

M?	42	71	62	68	—	—	—	—	—	14
	4 200	—	—	—	4 700	7 300	900	8 900	700	—

397. Complète.
978 = (__ × 100) + (__ × 10) + __
311 = (__ × 100) + (__ × 10) + __
475 = (__ × 100) + (__ × 10) + __
792 = (__ × 100) + (__ × 10) + __
668 = (__ × 100) + (__ × 10) +

398. Un train est composé de 10 wagons de 75 places chacun.
Calcule le nombre de voyageurs que peut transporter ce train.

399. Dans le porte-monnaie de maman, il y a 3 billets de 100 F, 5 pièces de 10 F et 7 pièces de 1 F.
Que peux-tu calculer?

400. Un marchand de fruits et légumes vend 10 cageots de tomates à 33 F l'un.
Combien lui rapporte cette vente?

401. Au supermarché, une employée fait sa caisse avant la fermeture :
● 44 billets de 100 F,
● 10 billets de 50 F,
● 10 billets de 20 F,
● 21 pièces de 10 F,
● 10 pièces de 5 F.
Quelle somme a-t-elle en caisse?

402. Un œuf pèse en moyenne 65 g.
Combien pèsent 10 œufs?

403. Une agence propose un voyage de 10 jours pour 230 F par jour et par personne.
À combien reviendra ce voyage pour 100 personnes?

LA MULTIPLICATION PAR 20, 30, 40

$$3 \times 20 = 60$$
$$42 \times 30 = 1\,260$$
$$13 \times 40 = 620$$

404. Calcule suivant l'exemple.
ex. : $7 \times 30 = (7 \times 3) \times 10 = 21 \times 10 = 210$

$5 \times 40 =$ $6 \times 50 =$ $12 \times 20 =$ $33 \times 30 =$ $21 \times 60 =$

405. Effectue les opérations suivantes.

9	8	14	131	70
$\times\ 70$	$\times\ 80$	$\times\ 30$	$\times\ \ 40$	$\times\ 90$

125	42	112	110	60
$\times\ \ 20$	$\times\ 50$	$\times\ \ 60$	$\times\ \ 70$	$\times\ 90$

406. Effectue les opérations suivantes sans les poser.
$5 \times 70 =$ $25 \times 30 =$ $37 \times 50 =$ $80 \times 20 =$ $120 \times 40 =$

407. Recopie et complète le tableau suivant.

M9	6	60	600	2	20	200	5	50	500
	—	—	—	—	—	—	—	—	—

408. Complète.
$4 \ \times \underline{\ \ } = 80$ $13 \times \underline{\ \ } = 390$
$7 \ \times \underline{\ \ } = 280$ $14 \times \underline{\ \ } = 280$
$20 \times \underline{\ \ } = 100$

409. Même exercice que **408**.
$5 \ \times \underline{\ \ } = 150$ $40 \times \underline{\ \ } = 200$
$31 \times \underline{\ \ } = 1\,860$ $52 \times \underline{\ \ } = 3\,640$
$29 \times \underline{\ \ } = 580$

410. Calcule le prix de 25 stylos à 30 F l'un.

411. Quel est le prix de 50 bouteilles de champagne à 75 F l'une ?

412. Un **paquebot*** file à la vitesse de 15 km/h.
Quelle distance aura-t-il couvert en 40 heures ? en 70 heures ?

ET LA PRIORITÉ SAUVAGE !

413. Un circuit automobile fait 7 km de long.
Quelles distances couvriront les voitures si elles font 20, 30, 40 tours de circuit ?

414. Un directeur d'école reçoit 20 paquets de 25 cahiers et 30 pochettes de papier à dessin de 150 feuilles chacune.
Calcule le nombre de cahiers.
Calcule le nombre total de feuilles de papier.

415. Dans un parking privé, le prix pour garer sa voiture à la journée est de 18 F.
Calcule la somme que paiera un automobiliste pour y garer son véhicule pendant 20 jours.
Calcule la **recette*** du parking pour une journée s'il y a 30, 50, 200, 500 voitures.

416. Les images de collection sur les animaux sont vendues par paquets de 6.
Combien d'images auras-tu avec 10, 20, 30, 40 paquets ?

LA MULTIPLICATION PAR UN NOMBRE À DEUX CHIFFRES

$$
\begin{array}{r}
34 \\
\times\ 23 \\
\hline
102 \\
680 \\
\hline
782
\end{array}
\quad
\begin{array}{l}
\to 34 \times 3\ \ = 102 \\
\to 34 \times 20 = 680 \\
\hline
782
\end{array}
$$

417. Calcule les produits suivants à l'aide d'un tableau.
ex : $35 \times 42 =$

		35		
		30	5	
40		1 200	200	→ 1 200 + 200 = 1 400
42	2	60	10	→ 60 + 10 = + 70
				1 470

$45 \times 25 =$ $14 \times 19 =$ $23 \times 38 =$ $72 \times 51 =$ $82 \times 27 =$

418. Calcule les produits sur l'exemple suivant.
ex : $35 \times 42 = (35 \times 40) + (35 \times 2) =$
$ 1\,400 \ \ + \ \ \ \ \ 70 \ \ \ \ \ = 1\,470$

$27 \times 12 =$ $28 \times 62 =$ $52 \times 36 =$ $87 \times 44 =$ $132 \times 18 =$

419. Même exercice que le **418.**
$45 \times 15 =$ $124 \times 23 =$
$79 \times 46 =$ $64 \times 25 =$
$38 \times 12 =$ $75 \times 48 =$

420. Effectue les opérations.

$$
\begin{array}{r} 24 \\ \times\ 32 \\ \hline \end{array}
\qquad
\begin{array}{r} 73 \\ \times\ 21 \\ \hline \end{array}
\qquad
\begin{array}{r} 56 \\ \times\ 39 \\ \hline \end{array}
\qquad
\begin{array}{r} 45 \\ \times\ 35 \\ \hline \end{array}
\qquad
\begin{array}{r} 57 \\ \times\ 17 \\ \hline \end{array}
$$

421. Même exercice.

$$
\begin{array}{r} 81 \\ \times\ 67 \\ \hline \end{array}
\qquad
\begin{array}{r} 89 \\ \times\ 19 \\ \hline \end{array}
\qquad
\begin{array}{r} 76 \\ \times\ 78 \\ \hline \end{array}
\qquad
\begin{array}{r} 33 \\ \times\ 14 \\ \hline \end{array}
\qquad
\begin{array}{r} 27 \\ \times\ 62 \\ \hline \end{array}
$$

422. Cherche le produit de chacun des couples de nombres suivants (dispose de la meilleure façon).

ex : (19 ; 148)   148   (35 ; 132)   (45 ; 122)   (56 ; 104)
$\times$ 19

(28 ; 157)   (164 ; 51)

423. Pose puis effectue.

138 $\times$ 53 =   29 $\times$ 272 =   24 $\times$ 325 =
72 $\times$ 109 =   146 $\times$ 59 =   123 $\times$ 64 =
224 $\times$ 42 =   101 $\times$ 18 =
125 $\times$ 75 =   34 $\times$ 119 =

424. Un instituteur a commandé 24 boîtes de punaises. Chaque boîte contient environ 40 punaises.
De combien de punaises disposera-t-il ?

425. Monsieur Bonvivant a commandé pour lui-même et ses voisins 16 cartons de vin contenant chacun 12 bouteilles.
Combien de bouteilles recevra-t-il ?

426. Les parents de Serge lui donnent chaque semaine 35 F d'argent de poche.
Quelle somme reçoit-il en une année ? (1 an = 52 semaines.)

427. Une équipe de **relayeurs*** est partie en courant de Bruxelles (Belgique) pour rejoindre Rome (Italie). Chacun des 36 coureurs a ainsi accompli 45 km.
Quelle a été la distance totale entre Bruxelles et Rome ?

428. Dans un magasin de vêtements, un rayon contient 18 gilets vendus chacun 225 F.
S'ils sont tous vendus, combien rapportera leur vente ?

429. Le rayon photographique d'un grand magasin reçoit une commande de 28 appareils photos identiques, valant 95 F l'un.
Quel sera le montant total de la facture ?

430. Un **convoi*** de 12 camions apporte une aide alimentaire à un pays d'Afrique touché par la famine. Chaque camion transporte 25 tonnes de marchandises.
Quelle est la quantité totale de nourriture ainsi transportée ?

431. Une salle de cinéma compte 36 rangées de 24 fauteuils chacune.
Combien de personnes peuvent prendre place dans cette salle ?

432. Dans son camion, Jean-Louis a chargé 48 caisses pesant chacune 36 kg.
Quel est le poids total du chargement?

433. Sur une tour de 38 étages, Laurent a dénombré 96 vitres à chaque étage.
Que peux-tu calculer?

434. Sur un wagon de chemin de fer, on a chargé 76 caisses pesant chacune 124 kg.
Quelle masse totale a-t-on chargée?

435. Ce matin, au guichet de la poste, 18 personnes sont venues chercher de l'argent. En moyenne, chacune a retiré 550 F.
À la fin de la matinée, quelle somme le postier a-t-il distribuée?

436. Pour la kermesse de l'école, on a vendu 185 carnets de tombola. Chaque carnet contient 10 billets vendus chacun 2 F.
Combien de billets ont été vendus?
Quelle somme cette vente a-t-elle rapportée?

437. Durant le mois de janvier, le boulanger du village a vendu 45 galettes à 32 F et 63 galettes à 45 F.
Quelle somme la vente des galettes lui a-t-elle rapportée?

438. Julia et ses parents ont passé 12 jours dans un club de vacances. Le prix pour une journée est de 256 F par personne.
Que peux-tu calculer?

439. Le directeur d'un magasin de sport vient de recevoir sa commande. Il vérifie la facture, mais certains nombres sont effacés.
Peux-tu l'aider à les retrouver?

Quantité	Modèle	Prix unitaire	Total
14	Chaussures Tennis « Victory »	135 F	—
—	Raquette « Pro Sport »	100 F	500 F
48	Tube de balles Tennis « Boum-Boum »	54 F	—
—			—

VERS LA DIVISION

Maman veut répartir équitablement entre ses 4 enfants un paquet contenant 32 gâteaux.
Combien en auront-ils chacun?

$4 \times \underline{\quad} = 32 \qquad 32 : 4 = 8$

440. Complète.

$6 \times 2 =$	$6 \times \underline{\quad} = 12$
$5 \times 4 =$	$5 \times \underline{\quad} = 20$
$7 \times 3 =$	$7 \times \underline{\quad} = 21$
$5 \times 5 =$	$5 \times \underline{\quad} = 25$
$8 \times 6 =$	$8 \times \underline{\quad} = 48$

441. Complète.

$5 \times \underline{\quad} = 45$	$\underline{\quad} \times 6 = 36$
$6 \times \underline{\quad} = 24$	$9 \times \underline{\quad} = 72$
$2 \times \underline{\quad} = 16$	$\underline{\quad} \times 5 = 30$
$\underline{\quad} \times 5 = 35$	$\underline{\quad} \times 8 = 32$
$\underline{\quad} \times 7 = 49$	$3 \times \underline{\quad} = 27$

442. Complète.

$8 \times \underline{\quad} = 64$	$\underline{\quad} \times 9 = 36$
$4 \times \underline{\quad} = 28$	$6 \times \underline{\quad} = 48$
$5 \times \underline{\quad} = 15$	$\underline{\quad} \times 7 = 28$
$9 \times \underline{\quad} = 81$	$\underline{\quad} \times 8 = 56$
$2 \times \underline{\quad} = 18$	$\underline{\quad} \times 7 = 35$

443. Complète.

$32 = 8 \times \underline{\quad}$	$48 = 6 \times \underline{\quad}$
$35 = 5 \times \underline{\quad}$	$56 = \underline{\quad} \times 8$
$49 = \underline{\quad} \times 7$	$50 = \underline{\quad} \times 5$
$63 = 9 \times \underline{\quad}$	$44 = \underline{\quad} \times 4$
$72 = 8 \times \underline{\quad}$	$24 = \underline{\quad} \times 2$

444. Écris les nombres qui manquent.

$2 \times 5 = 10$	$10 : 2 =$	$3 \times 7 = 21$	$21 : 7 =$
$9 \times 2 = 18$	$18 : 9 =$	$3 \times 3 = 9$	$9 : 3 =$
$4 \times 3 = 12$	$12 : 4 =$	$8 \times 3 = 24$	$24 : 3 =$
$5 \times 3 = 15$	$15 : 5 =$	$2 \times 7 = 14$	$14 : 7 =$
$3 \times 9 = 27$	$27 : 3 =$	$3 \times 10 = 30$	$30 : 10 =$

445. Même exercice que **444.**

4 × __ = 20	20 : 5 =	__ × 4 = 36	36 : 4 =
5 × __ = 40	40 : 5 =	4 × __ = 28	28 : 4 =
__ × 5 = 15	15 : 5 =	9 × __ = 54	54 : 9 =
7 × __ = 21	21 : 7 =	__ × 9 = 90	90 : 9 =
__ × 7 = 63	63 : 7 =	8 × __ = 16	16 : 8 =

446. Place le signe qui convient.

(20 : 5) __ (26 − 7)   (48 : 6) __ (40 : 5)
(6 + 4) __ (40 : 4)   (72 : 9) __ (52 × 2)
(7 + 5) __ (27 : 3)   (34 − 25) __ (36 : 6)
(54 : 6) __ (5 + 3)   (36 : 4) __ (27 − 19)
(22 − 16) __ (64 : 8)   (24 : 8) __ (10 − 6)

447. Effectue en ligne les divisions suivantes.

32 : 8 =   56 : 7 =   45 : 9 =   18 : 9 =   27 : 3 =
16 : 4 =   18 : 6 =   42 : 7 =   63 : 9 =   48 : 8 =

448. La maîtresse répartit ses 24 élèves en 4 équipes.
Que peux-tu calculer ?

449. Avec les 60 roses qu'elle vient de recevoir, une fleuriste prépare des bouquets de 10.
Combien de bouquets peut-elle préparer ?

450. Grégory a 32 images. Il fait des paquets de 4.
Combien de paquets fait-il ?

451. Combien peut-on acheter de glaces à 6 F avec 42 F ?

452. Une course de relais se déroule sur 32 km.
Quelle distance parcourra chacun des 8 **relayeurs**★ ?

453. Complète.

$17 = (2 \times 8) +$ ___ $84 = (9 \times 9) +$ ___
$38 = (5 \times 7) +$ ___ $64 = (10 \times 6) +$ ___
$25 = (6 \times 4) +$ ___ $63 = (7 \times 9) +$ ___
$32 = (5 \times 6) +$ ___ $57 = (11 \times 5) +$ ___
$29 = (4 \times 7) +$ ___ $44 = (6 \times 7) +$ ___

454. Complète.

$27 = (5 \times$ ___$) + 2$ $59 = ($ ___ $\times 7) + 3$
$23 = (4 \times$ ___$) + 3$ $74 = ($ ___ $\times 9) + 2$
$37 = ($ ___ $\times 4) + 1$ $47 = (6 \times$ ___$) + 5$
$49 = (6 \times$ ___$) + 1$ $69 = (7 \times$ ___$) + 6$
$50 = ($ ___ $\times 8) + 2$ $49 = (9 \times$ ___$) + 4$

455. Complète.

$22 = (2 \times$ ___$) + 2$ $39 = ($ ___ $\times 4) + 7$
$18 = (3 \times$ ___$) + 3$ $52 = ($ ___ $\times 5) + 2$
$22 = (7 \times$ ___$) + 1$ $74 = (10 \times$ ___$) + 4$
$44 = (8 \times$ ___$) + 4$ $86 = (9 \times$ ___$) + 5$
$46 = ($ ___ $\times 7) + 4$ $33 = ($ ___ $\times 6) + 3$

456. Complète.

$19 = (2 \times$ ___$) +$ ___ $33 = (6 \times$ ___$) +$ ___
$25 = (6 \times$ ___$) +$ ___ $67 = (7 \times$ ___$) +$ ___
$33 = (8 \times$ ___$) +$ ___ $85 = ($ ___ $\times 8) +$ ___
$39 = ($ ___ $\times 7) +$ ___ $43 = (8 \times$ ___$) +$ ___
$42 = ($ ___ $\times 4) +$ ___ $31 = (8 \times$ ___$) +$ ___

457. Complète.

$19 = ($ ___ $\times 9) +$ ___ $32 = ($ ___ $\times 3) +$ ___
$47 = (5 \times$ ___$) +$ ___ $56 = (8 \times$ ___$) +$ ___
$65 = (7 \times$ ___$) +$ ___ $39 = ($ ___ $\times 9) +$ ___
$83 = ($ ___ $\times 9) +$ ___ $74 = ($ ___ $\times 7) +$ ___
$77 = (8 \times$ ___$) +$ ___ $87 = ($ ___ $\times 9) +$ ___

458. Recopie et complète le tableau suivant.

Nombre donné	25	24	37	43	59
Divisé par	5	___	___	6	___
Quotient	___	8	7	___	8
Reste	___	___	___	___	3

459. On distribue 32 gâteaux à des enfants; le partage doit être **équitable★**.

Nombre de gâteaux	Nombre d'enfants	Part de chacun	Reste	Égalité
	2	16	0	32=(2×16)+0
	3			
32	4			
	5			
	6			
	7			

460. Recopie et complète le tableau suivant.

Nombre donné	30	31	32	33	34	35
Reste de la division par 5	0					
Reste de la division par 6	0					
Reste de la division par 7	2					
Reste de la division par 8	6					

461. Éric dispose de 18 F. Combien de paquets de bonbons à 5 F pourra-t-il acheter?
Quelle somme lui restera-t-il?

462. Jérôme part acheter des croissants valant 3 F chacun. Il affirme :
« J'ai 20 F dans mon porte-monnaie et je vais rapporter 7 croissants. »
Jérôme a-t-il raison ?
Combien de croissants va-t-il pouvoir acheter ?
Quelle somme va-t-il rapporter ?

463. Sur une cassette, Hélène dispose encore de 30 min. Elle a prévu
d'enregistrer 8 chansons durant chacune 4 min environ.
Pourra-t-elle le faire ?

464. Dans un mois de 31 jours, combien y a-t-il de semaines complètes ?
Combien de jours faudrait-il rajouter pour obtenir une semaine **supplémentaire*** ?

465. On dit quelquefois : « grimper les marches 4 à 4 ».
S'il y a 39 marches à monter de cette manière, combien en gravira-t-on
lors du dernier pas ?

466. Dans un **rucher***, on a récolté 54 kg de miel.
Sachant que chacune des 6 ruches a fourni la même quantité de miel,
calculez cette quantité.

467. On veut ranger 58 œufs dans des boîtes de 6.
Combien de boîtes seront nécessaires (compter également les boîtes non
complètes).

LA DIVISION

28	7
−28	4
0	

30	7
−28	4
2	

468. Effectue.

36	2		45	3		84	4		65	5		98	7

469. Même exercice que **468**.

52	2		66	3		120	8		99	9		72	6

470. Pose puis effectue.

77 : 5 = 98 : 9 = 43 : 3 = 73 : 2 = 82 : 6 =
125 : 5 = 160 : 4 = 184 : 8 = 229 : 7 = 178 : 3 =

471. Un camion transporte un chargement de 5 bidons, représentant une masse totale de 475 kg.
Quelle est la masse d'un bidon?

472. Lors d'un mariage, les 126 invités sont répartis sur des tables de 6.
Que peux-tu calculer?

473. Philippe est malade; il doit prendre 4 cachets par jour. Le pharmacien lui a donné une boîte contenant 60 cachets.
Pendant combien de temps Philippe suivra-t-il son traitement?

UTILISER LES NOMBRES : SYNTHÈSE

474. Annie possède une **encyclopédie⋆** en 2 volumes de 1 124 pages chacun. Celle de Sandra comporte 3 volumes de 723 pages chacun. Quelle encyclopédie comporte le plus de pages?

475. Trouve le signe qui convient.

9 __ 5 = 4	20 __ 2 = 22
9 __ 5 = 14	27 __ 3 = 30
9 __ 5 = 45	27 __ 3 = 9
20 __ 2 − 10	27 __ 3 = 24
20 __ 2 = 40	27 __ 3 = 81

476. Trouve le signe qui convient.

7 __ 3 = 10	50 __ 3 = 150
7 __ 3 = 21	50 __ 3 = 47
7 __ 3 = 4	50 __ 3 = 53
12 __ 3 = 36	16 __ 2 = 8
12 __ 3 = 4	16 __ 2 = 32

477. Calcule d'abord le nombre entre parenthèses puis trouve le résultat final.

(6 + 2) × 5 =	(3 − 2) × 3 =
(19 − 9) × 3 =	(3 × 7) − 9 =
(4 × 2) × 5 =	(32 + 8) − 4 =
(15 + 5) × 1 =	(6 × 4) + 10 =

478. Même exercice que **477**

$(7 \times 9) - 12 =$

$(5 \times 4) + 32 =$

$(9 \times 9) - 11 =$

$(45 - 39) \times 6 =$

$(39 + 21) \times 3 =$

$(42 + 8) \times 4 =$

$(203 - 194) \times 8 =$

$(11 \times 4) - (4 \times 7) =$

$(17 \times 10) + 33 =$

$(13 \times 10) - 25 =$

479. Pose puis effectue.

$35 + 27 + 9 =$

$28 - 15 =$

$63 \times 2 =$

$129 + 41 + 5 =$

$236 - 48 =$

480. Pose puis effectue.

$122 + 8 + 17 =$

$84 - 16 =$

$27 \times 5 =$

$126 - 32 =$

$49 + 54 + 163 =$

481. Pose puis effectue.

$49 + 184 + 346 + 2 =$

$260 - 45 =$

$326 \times 8 =$

$342 - 167 =$

$407 \times 6 =$

482. Pose puis effectue.

$246 + 1\,018 + 27 =$

$1\,021 - 379 =$

$295 \times 7 =$

$502 \times 12 =$

$318 \times 45 =$

483. Pose puis effectue.

$(173 + 421 + 8) - 279 =$

$(515 - 416) \times 6 =$

$(365 + 1\,976 + 5\,204) - 3\,645 =$

$(412 \times 21) - 3\,036 =$

484. Effectue les calculs pour trouver le nombre manquant.

$(236 + 1\,412) - \underline{\quad} = 48$

$(\underline{\quad} \times 9) + 3 = 39$

$(1\,517 - 438) + \underline{\quad} = 1\,100$

$(7 + 7) \times \underline{\quad} = 42$

485. Pose puis effectue.

$127 \times 18 =$

$(263 + 49) \times 27 =$

$(316 - 84) \times 108 =$

$(208 \times 36) - 979 =$

$(94 + 1\,739) \times 2 =$

486. Judith a perdu 7 crayons de couleurs. Sa boîte en contenait 24. Combien de crayons lui reste-t-il ?

487. Maud achète une calculatrice à 89 F et un cahier à 14 F.
Combien dépense-t-elle?

488. Madame Leblanc a acheté à chacun de ses 4 enfants une paire de chaussures valant 99 F.
Combien madame Leblanc a-t-elle dépensé?

489. Pierre a 11 ans. Son père est 3 fois plus âgé que lui.
Quel est l'âge de son père?

490. Les élèves d'une école ont versé chacun 10 F à la caisse des écoles.
Ils se répartissent ainsi :

>   CP   : 21 élèves
>   CE1 : 24 élèves
>   CE2 : 28 élèves
>   CM1 : 32 élèves
>   CM2 : 29 élèves.

Calcule de deux manières différentes la **recette*** totale de la caisse des écoles.

491. Un jardinier achète 19 plants de rosiers à 27 F l'un et 13 sapins à 197 F pièce.
Combien paiera-t-il en tout?

492. En tirant sur une chasse d'eau, on utilise environ 11 litres d'eau. Si l'on vide cette chasse d'eau 10 fois par jour, combien de litres d'eau sont ainsi utilisés?

493. Observe, puis complète ce tableau représentant la répartition de la population dans plusieurs régions françaises.

	Sur 100 habitants	
	Vivent à la campagne	Vivent à la ville
Ile-de-France	4	
Picardie		61
Bretagne	44	
Midi-Pyrénées	41	
Languedoc-Roussillon		69

494. Pour une course à pied, 425 coureurs ont payé chacun 30 F d'inscription.
Calcule la somme totale que les organisateurs ont reçue.
Ceux-ci ont reversé 18 F par coureur à une **association humanitaire***.
Combien cette association a-t-elle reçu?
Combien reste-t-il aux organisateurs?

495. En France, sur 100 personnes qui ont un emploi, 58 travaillent dans les bureaux et le commerce, 34 personnes travaillent dans l'industrie et la construction et les autres travaillent dans l'agriculture.
Sur 100 personnes, combien travaillent dans l'agriculture?

496. Dans une salle de spectacles, il y a 35 rangées de 20 fauteuils. Ce soir, 489 places sont occupées.
Combien de billets pourrait-on encore vendre?

497. Marcelin lit une bande dessinée qui compte 48 pages. Il en est à la page 19.
Combien de pages a-t-il encore à lire?

498. Un jardinier dispose de 5 bacs à fleurs. Il plante 8 bulbes de tulipes dans chaque bac.
Calcule le nombre de tulipes qui pourront fleurir.

499. Flora observe les barils de lessive qui sont en rayon dans le magasin. «Il n'y a plus que 72 kg de lessive en vente» dit-elle à sa maman.
Chaque baril pesant 8 kg, combien de barils Flora a-t-elle dénombrés?

500. Élodie a acheté un pantalon trop petit. Elle l'a payé 175 F et le revend 140 F à Sandra.
Calcule combien elle a perdu.

501. Un instituteur commande pour sa classe 12 livres à 50 F l'un et 3 dictionnaires à 92 F l'un.
Calcule le montant total de sa commande.

502. Une **citerne*** percée laisse échapper 1 litre d'eau chaque minute.
Quelle quantité d'eau perd-elle en 1 heure? (1 h = ... min.)

503. Chaque jour, Nicole utilise 300 g de viande pour préparer le repas de son chien.
Quelle quantité de viande utilise-t-elle en une semaine? (Cherche la réponse en grammes, puis en kg et g.)

504. Papa refait le carrelage au-dessus de l'évier de la cuisine. Il dispose 5 rangées de 16 carreaux chacune.
Que peux-tu calculer ?

505. Le responsable du rayon « crémerie » d'un supermarché vérifie sa dernière commande de yaourts. Observe à ton tour la fiche ci-dessous, puis réponds aux questions.

Supermarché du Val de L'Ill	
Commande : yaourts	Date : 17/9/90
yaourts nature « Bonlait »	50 paquets de 8
yaourts sucrés « Bonlait »	30 paquets de 8
yaourts aux fruits « Bonlait »	25 paquets de 6
yaourts nature « Tradition »	18 lots de 3
yaourts nature « Goufin »	48 paquets de 4
yaourts aux fruits « Goufin »	24 paquets de 4

Combien de yaourts sucrés a-t-il commandés ?
Combien de yaourts nature a-t-il commandés ?
Quel est le nombre total de yaourts qu'il recevra ?

506. Complète les cases de ce bon de commande :

FLEURS DE FRANCE — Bon de commande				
Désignation des articles	Référence	Nombre de paquets	Prix unitaire	Montant
ex : Dalhia Katia	07—411	2	27 F	54 F
Engrais gazon	08—329	___	25 F	25 F
Rosier Caline	12—422	2	___	120 F
Lot de 25 fraisiers	34—105	3	___	240 F
Rosier Viviane	12—716	3	35 F	___
Cerisier Griotte	48—049	2	235 F	___
Poirier Williams Rouge	58—031	___	130 F	260 F
Montant de la commande				___
Frais de port et d'emballage				15 F
TOTAL				___

507. Marc, Charlotte, Agathe, Raphaël et Maud ont tous le même âge. Ensemble, ils ont 35 ans.
Quel âge a chaque enfant?

508. Une institutrice emmène sa classe au cinéma. Elle achète 23 billets à 15 F.
Quelle somme doit-elle payer?

509. Lis attentivement les informations suivantes, puis réponds aux questions posées.
● Chaque Français utilise en moyenne 23 kg de lessive par an.
● Chaque Français utilise en moyenne 130 kg de papier par an, chaque Américain 200 kg.
● Chaque Français produit en moyenne 288 kg de déchets par an, chaque Américain 875 kg.

1. Calcule la différence annuelle de production de déchets entre un Français et un Américain.
2. Calcule la consommation de papier annuelle pour une famille américaine de 5 personnes.
3. Calcule la quantité moyenne de lessive utilisée en France, en un an, pour un village de 867 habitants.

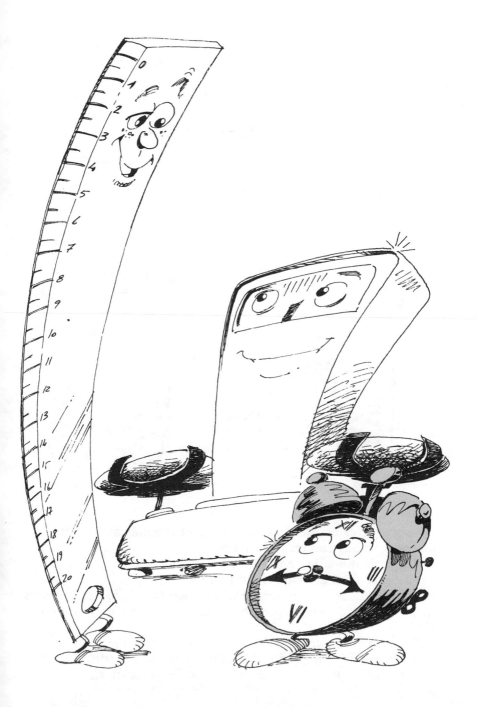

LES DURÉES :
SEMAINES, MOIS, ANNÉES

QUAND J'ÉTAIS JEUNE LA VIE N'ÉTAIT PAS AUSSI ROSE ...

510. Observe le calendrier page ci-contre et réponds aux questions :
● Cite les mois qui comptent 31 jours.
● Cite les mois qui comptent 30 jours.
● Quel mois n'a pas été cité ? Pourquoi ?
● Deux mois qui se suivent ont le même nombre de jours. Lesquels ?
● Une période de 3 mois forme un trimestre. Quel est le 2ᵉ trimestre de l'année ?
● La 8ᵉ semaine de l'année débute le —— et se termine le ——.
● Le mois de septembre compte —— lundis et —— samedis.
● Le 14 juillet est un —— et Mardi gras est le —— février.

1991

1991 JANVIER — 7 h 46 à 16 h 02

- 1 M JOUR DE L'AN
- 2 M St Basile
- 3 J Ste Geneviève
- 4 V St Odilon
- 5 S St Edouard
- 6 D Épiphanie
- 7 L St Raymond ☾
- 8 M St Lucien
- 9 M Ste Alix
- 10 J St Guillaume
- 11 V St Paulin
- 12 S Ste Tatiana
- 13 D Ste Yvette
- 14 L Ste Nina
- 15 M St Rémi ●
- 16 M St Marcel
- 17 J St Roseline
- 18 V Ste Prisca
- 19 S St Marius
- 20 D St Sébastien
- 21 L Ste Agnès
- 22 M St Vincent
- 23 M St Barnard ☽
- 24 J St François de Sales
- 25 V Convers. de St Paul
- 26 S Ste Paule
- 27 D Ste Angèle
- 28 L St Thomas d'Aquin
- 29 M St Gildas
- 30 M Ste Martine
- 31 J Ste Marcelle

FÉVRIER — 7 h 23 à 16 h 46

- 1 V Ste Ella
- 2 S Prés. du Seigneur
- 3 D St Blaise
- 4 L Ste Véronique
- 5 M Ste Agathe
- 6 M St Gaston ☾
- 7 J Ste Eugénie
- 8 V Ste Jacqueline
- 9 S Ste Apolline
- 10 D St Arnaud
- 11 L N.-D. de Lourdes
- 12 M Mardi-Gras
- 13 M Cendres
- 14 J St Valentin ●
- 15 V St Claude
- 16 S Ste Julienne
- 17 D 1er de Carême
- 18 L Ste Bernadette
- 19 M St Gabin
- 20 M Ste Aimée
- 21 J St P. Damien ☽
- 22 V Ste Isabelle
- 23 S St Lazare
- 24 D St Modeste
- 25 L St Roméo
- 26 M St Nestor
- 27 M Ste Honorine
- 28 J St Romain

A.P.A. Paris

MARS — 6 h 35 à 17 h 32

- 1 V St Aubin
- 2 S St Charles le Bon
- 3 D St Guénolé
- 4 L St Casimir
- 5 M Ste Olivia
- 6 M Ste Colette
- 7 J Mi-Carême
- 8 V St Jean de Dieu ☾
- 9 S Ste Françoise R.
- 10 D St Vivien
- 11 L Ste Rosine
- 12 M St Maximilien
- 13 M St Rodrigue
- 14 J Ste Mathilde
- 15 V Ste Louise M.
- 16 S Ste Bénédicte ●
- 17 D St Patrice
- 18 L St Cyrille
- 19 M St Joseph
- 20 M St Herbert
- 21 J PRINTEMPS
- 22 V Ste Léa
- 23 S St Victorien ☽
- 24 D RAMEAUX
- 25 L St Humbert
- 26 M Ste Larissa
- 27 M St Habib
- 28 J St Gontran
- 29 V Ste Gwladys
- 30 S St Amédée
- 31 D PÂQUES

AVRIL — 5 h 31 à 18 h 19

- 1 L St Hugues
- 2 M Ste Sandrine
- 3 M St Richard
- 4 J St Isidore
- 5 V Ste Irène
- 6 S St Marcellin
- 7 D St J.-B. de Salle ☾
- 8 L Annonciation
- 9 M St Gautier
- 10 M St Fulbert
- 11 J St Stanislas
- 12 V St Jules
- 13 S Ste Ida
- 14 D St Maxime ●
- 15 L St Paterne
- 16 M St Benoît-Joseph
- 17 M St Étienne Harding
- 18 J St Parfait
- 19 V Ste Emma
- 20 S Ste Odette
- 21 D St Anselme ☽
- 22 L St Alexandre
- 23 M St Georges
- 24 M St Fidèle
- 25 J St Marc
- 26 V Ste Alida
- 27 S Ste Zita
- 28 D Souv. Déportés
- 29 L Ste C. de Sienne
- 30 M St Robert

MAI — 4 h 33 à 19 h 04

- 1 M F. DU TRAVAIL
- 2 J St Boris
- 3 V St Philip. Jacques
- 4 S St Sylvain
- 5 D Ste Judith
- 6 L Ste Prudence ☾
- 7 M Ste Gisèle
- 8 M ANNIVERS. 1945
- 9 J ASCENSION
- 10 V Ste Solange
- 11 S Ste Estelle
- 12 D Fête Jeanne-d'Arc
- 13 L Ste Rolande
- 14 M St Matthias ●
- 15 M Ste Denise
- 16 J St Honoré
- 17 V St Pascal
- 18 S St Éric
- 19 D PENTECÔTE
- 20 L St Bernardin ☽
- 21 M St Constantin
- 22 M St Émile
- 23 J St Didier
- 24 V St Donatien
- 25 S Ste Sophie
- 26 D F. Mères - Trinité
- 27 L St Augustin de C.
- 28 M St Germain
- 29 M St Aymar
- 30 J St Ferdinand
- 31 V V. de la Ste Vierge

JUIN 1991 — 3 h 54 à 19 h 43

- 1 S Ste Paméla
- 2 D Fête Dieu
- 3 L St Kévin
- 4 M Ste Clotilde
- 5 M St Igor ☾
- 6 J St Norbert
- 7 V St Gilbert
- 8 S St Médard
- 9 D Ste Diane
- 10 L St Landry
- 11 M St Barnabé
- 12 M St Guy ●
- 13 J St A. Padoue
- 14 V St Élisée
- 15 S Ste Germaine
- 16 D Fête des Pères
- 17 L St Hervé
- 18 M St Léonce
- 19 M St Romuald ☽
- 20 J St Silvère
- 21 V ÉTÉ
- 22 S St Alban
- 23 D Ste Audrey
- 24 L St Jean Baptiste
- 25 M St Salomon
- 26 M St Anthelme
- 27 J St Fernand
- 28 V Ste Irénée
- 29 S St Pierre-Paul
- 30 D St Martial

1991 JUILLET — 3 h 53 à 19 h 56

- 1 L St Thierry
- 2 M St Martinien
- 3 M St Thomas
- 4 J St Florent
- 5 V St Antoine ☾
- 6 S Ste Mariette
- 7 D St Raoul
- 8 L St Thibaut
- 9 M Ste Amandine
- 10 M St Ulrich
- 11 J St Benoît ●
- 12 V St Olivier
- 13 S Sts Henri et Joël
- 14 D FÊTE NATIONALE
- 15 L St Donald
- 16 M N.D. Mont Carmel
- 17 M Ste Charlotte
- 18 J St Frédéric ☽
- 19 V St Arsène
- 20 S Ste Marina
- 21 D St Victor
- 22 L Ste Marie-Mad.
- 23 M Ste Brigitte
- 24 M Ste Christine
- 25 J St Jacques
- 26 V Ste Anne
- 27 S Ste Nathalie
- 28 D St Samson
- 29 L Ste Marthe
- 30 M Ste Juliette
- 31 M St Ign. Loyola

AOÛT — 4 h 25 à 19 h 28

- 1 J St Alphonse
- 2 V St J.-Eymard
- 3 S Ste Lydie
- 4 D St J.M. Vianney
- 5 L St Abel
- 6 M Transfiguration
- 7 M St Gaëtan
- 8 J St Dominique
- 9 V St Amour
- 10 S St Laurent ●
- 11 D Ste Claire
- 12 L Ste Clarisse
- 13 M St Hippolyte
- 14 M St Évrard
- 15 J ASSOMPTION
- 16 V Ste Armelle
- 17 S St Hyacinthe ☽
- 18 D Ste Hélène
- 19 L St Jean Eudes
- 20 M St Bernard
- 21 M St Christophe
- 22 J St Fabrice
- 23 V Ste Rose de Lima
- 24 S St Barthélémy
- 25 D St Louis
- 26 L Ste Natacha
- 27 M Ste Monique
- 28 M St Augustin
- 29 J Ste Sabine
- 30 V St Fiacre
- 31 S St Aristide

SEPTEMBRE — 5 h 08 à 18 h 33

- 1 D St Gilles ☾
- 2 L Ste Ingrid
- 3 M St Grégoire
- 4 M Ste Rosalie
- 5 J Ste Raïssa
- 6 V St Bertrand
- 7 S Ste Régine
- 8 D Nativité ●
- 9 L St Alain
- 10 M Ste Inès
- 11 M St Adelphe
- 12 J St Apollinaire
- 13 V St Aimé
- 14 S Croix Glorieuse
- 15 D St Roland ☽
- 16 L Ste Édith
- 17 M St Renaud
- 18 M Ste Nadège
- 19 J Ste Émilie
- 20 V St Davy
- 21 S St Matthieu
- 22 D St Maurice
- 23 L AUTOMNE
- 24 M Ste Thècle
- 25 M St Hermann
- 26 J Sts Côme-Damien
- 27 V St Vinc. de Paul
- 28 S St Wenceslas
- 29 D St Michel

OCTOBRE — 5 h 51 à 17 h 29

- 1 M Ste Thér. de l'E. J. ☾
- 2 M St Léger
- 3 J St Gérard
- 4 V St Fr. d'Assise
- 5 S Ste Fleur
- 6 D St Bruno
- 7 L St Serge
- 8 M Ste Pélagie
- 9 M St Denis
- 10 J St Ghislain
- 11 V St Firmin
- 12 S St Wilfried
- 13 D St Géraud
- 14 L St Juste
- 15 M Ste Thérèse ☽
- 16 M Ste Edwige
- 17 J St Baudouin
- 18 V St Luc
- 19 S St René
- 20 D Ste Adeline
- 21 L Ste Céline
- 22 M Ste Salomé
- 23 M St Jean de C.
- 24 J St Florentin
- 25 V St Enguerran
- 26 S St Dimitri
- 27 D Ste Emeline
- 28 L Sts Simon
- 29 M St Narcisse
- 30 M St Bienvenue ☾
- 31 J St Quentin

NOVEMBRE — 6 h 38 à 16 h 30

- 1 V TOUSSAINT
- 2 S Défunts
- 3 D St Hubert
- 4 L St Charles
- 5 M Ste Sylvie
- 6 M Ste Bertille ●
- 7 J Ste Carine
- 8 V St Geoffroy
- 9 S St Théodore
- 10 D St Léon
- 11 L ARMISTICE 1918
- 12 M St Christian
- 13 M St Brice ☽
- 14 J Ste Sidonie
- 15 V St Albert
- 16 S Ste Marguerite
- 17 D Ste Élisabeth
- 18 L Ste Aude
- 19 M St Tanguy
- 20 M St Edmond
- 21 J Prés. de Marie
- 22 V Ste Cécile
- 23 S St Clément
- 24 D St Flora
- 25 L Ste Catherine
- 26 M Ste Delphine
- 27 M Ste Séverine
- 28 J St Jacq. de M. ☾
- 29 V St Saturnin
- 30 S St André

A.F.A. Paris

DÉCEMBRE 1991 — 7 h 24 à 15 h 55

- 1 D Avent
- 2 L Ste Viviane
- 3 M St François Xavier
- 4 M Ste Barbara
- 5 J St Gérald ●
- 6 V St Nicolas
- 7 S St Ambroise
- 8 D St Elfried
- 9 L Im. Conception
- 10 M St Romaric
- 11 M Ste J.-F. Chantal
- 12 J Ste Lucie
- 13 V St Théophile
- 14 S Ste Odile ☽
- 15 D Ste Ninon
- 16 L Ste Alice
- 17 M St Judicaël
- 18 M St Gatien
- 19 J St Urbain
- 20 V St Théophile
- 21 S St Pierre C.
- 22 D HIVER
- 23 L St Armand
- 24 M Ste Adèle
- 25 M NOËL
- 26 J St Étienne
- 27 V St Jean
- 28 S Sts Innocents ☾
- 29 D St David
- 30 L St Roger
- 31 M St Sylvestre

---

511. Combien une semaine compte-t-elle de jours ? Écris-les.

512. Recopie et complète la phrase suivante :
365 jours forment ___ .

513. Recopie et complète la phrase suivante :
Dans une année, il y a —— mois.

514. Mylène arrive en vacances chez sa grand-mère le samedi 14 avril au matin. Elle doit y passer une semaine.
Quel jour rentrera-t-elle chez elle ?

515. Complète en suivant le modèle donné.
3 juin 1990 : 3/6/90   27 septembre 1958 : ——
2 mai 1990 : ——   —— : 17/8/92
14 décembre 1989 : ——   —— : 26/4/91
        —— : 18/3/87

516. Complète.
 9 jours = 1 semaine et —— jours.
13 jours = —— semaine et —— jours.
17 jours = —— semaine et —— jours.
—— jours = 2 semaines et 5 jours.
—— jours = 3 semaines.

517. Recopie et complète ce tableau (tu peux t'aider du calendrier).

4 jours plus tôt	——	——	——	——	——
Jour donné	13/3/90	18/11/90	30/9/90	2/7/90	26/2/90
5 jours plus tard	——	——	——	——	——

518. Recopie et complète ce tableau.

	est né(e) le	a eu 8 ans le
Juliette	4 janvier 1982	——
Baptiste	12 juin 1979	——
Mélanie	——	5 avril 1975
Marine	1er septembre 1981	——
Gaétan	——	14 novembre 1986

519. Les vacances de printemps débutent le mardi 10 avril au soir et se terminent le lundi 23 avril au matin.
Combien de jours durent-elles ?

520. Complète en t'aidant du calendrier.
ex : le 4/2/90 est un samedi

le 5/7/90 est un ___
le 12/12/90 est un ___
le 1/___/90 est un mercredi
le 15/5/90 est un ___
le 31/___/90 est un jeudi

521.

Vendredi
16
mars
1990
S^e Bénédicte

Combien de jours se sont écoulés totalement depuis le début de l'année?
Combien de jours reste-t-il avant la fin de l'année?

522. Chaque mois, monsieur Lalecture achète une revue valant 30 F.
Combien dépense-t-il chaque année pour ce magazine?

523. Le départ de la fusée Ariane prévu le 14 avril a été reculé d'une semaine et 2 jours.
À quelle date a eu lieu le lancement?

524. Papa ne travaille ni le samedi ni le dimanche. Au mois de mars 1990, il a pris en plus 2 jours de congé supplémentaires.
Combien de jours a-t-il travaillé durant ce mois? (Regarde le calendrier.)

525. Réponds par VRAI ou FAUX.
En 1990 :
• la fête nationale était un samedi;
• Noël était un mercredi;
• la S. Pascal était un jeudi du mois de mai.

526. Avec l'aide du calendrier, complète.
En 1990 :
• le 1er jour du printemps était le ___ et le dernier jour était le ___;
• ___ a commencé le dimanche 23 septembre et s'est terminé le vendredi 21 décembre;
• le 21 juin était le 1er jour de ___;
• le 22 décembre était le 1er jour de ___.

527. Monsieur et madame Anselme ont passé des vacances en Écosse.
Ils ont visité ce pays du 2/7/90 **inclus**★ au 11/7/90 inclus.
Combien de temps a duré leur voyage?

L'HEURE

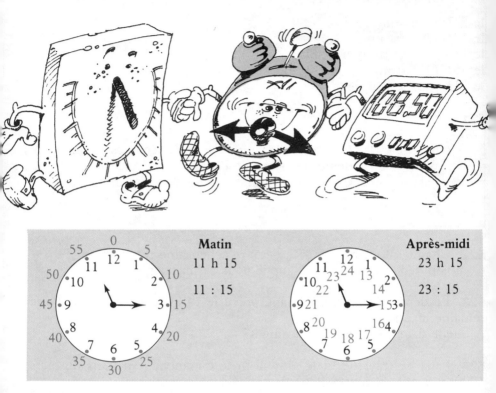

	Matin		Après-midi
	11 h 15		23 h 15
	11 : 15		23 : 15

528. Nous sommes le matin; quelle heure est-il?

529. Même exercice que **528.**

90

530. Recopie et complète le tableau suivant en inscrivant les heures.

matin					
après-midi					

531. Quand l'aiguille des heures est sur le 4 le matin, il est 4 h ; l'après-midi, il est 16 h.
Sur cet exemple, fais correspondre les heures de l'après-midi à celles du matin.

matin	9	5	8	11	6	2	7	1	10
après-midi									

532. Voici des heures sur des montres à affichage digital ; dessine pour chacune une montre classique à aiguilles en indiquant l'heure correspondante.

| 4 : 30 | 5 : 20 | 6 : 45 | 2 : 45 | 1 : 30 | 12 : 15 |

533. Écris l'heure indiquée sur les montres à affichage digital, d'après l'exemple.

| 2 : 55 | = 3 heures moins 5

| 5 : 35 | 6 : 45 | 9 : 55 | 7 : 40 | 3 : 50 | 8 : 45 |

534. Recopie et complète le tableau suivant.

La grande aiguille est sur le					
il est	4 h 20	5 h 15	7 h 35	9 h 55	11 h 10

535. Recopie et complète le tableau.

La grande aiguille est sur le	1	2	3	4	5	6	7	8	9	10	11
Nombre de minutes correspondant											

536. Écris l'heure selon l'exemple.

	matin	après-midi
7 h moins le quart :	6 : 45	18 : 45

10 h moins 10 min :
11 h moins 5 min :
12 h moins 25 min :
9 h moins 20 min :

537. Quelles sont les pendules qui indiquent la même heure ?

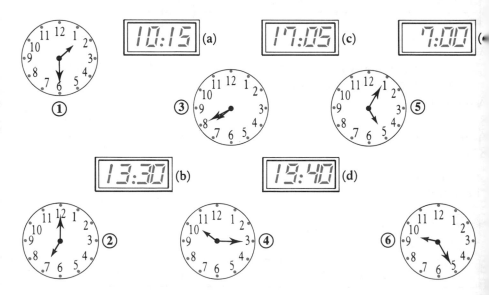

538. Recopie et complète le tableau suivant.

Nombre d'heures	1	4	3	5	7	9
Nombre de minutes						

539. Un voyageur part de Paris à 7 h pour se rendre à Strasbourg. Son voyage dure 3 h.
À quelle heure arrive-t-il à destination?

540. Laurine va au cinéma. La séance commence à 14 h 15. Le film dure 2 heures.
À quelle heure Laurine sortira-t-elle?

541. Il est 8 h 20 min. Papa met de l'argent dans le parcmètre pour une durée de 3 heures.
À quelle heure devra-t-il reprendre sa voiture?

542. Le T.G.V. qui devait arriver à 15 h 30 min entre en gare à 15 h 45 min.
Que peux-tu calculer?

543. Rachel part de chez sa camarade Valérie à 18 h et arrive chez elle à 18 h 15 min.
Que peux-tu calculer?

544. Il est 14 h. Alexandre et Jérôme partent faire une promenade à vélo.
À quelle heure rentreront-ils si leur excursion dure 1 h 35 min?

545. Grégory met 12 min pour aller à l'école.
À quelle heure doit-il partir de chez lui s'il veut être à l'école à 8 h 25 min?
À quelle heure est-il parti de chez lui s'il n'arrive à l'école qu'à 8 h 35 min?

546. Un coureur à pied met 50 min pour parcourir 10 km. Un second coureur, mieux entraîné, met 14 minutes de moins.
Quel est le temps du second?

547. Papa a ainsi programmé le magnétoscope :
début : 8 h 40
fin : 11 h
Combien de temps dure le film qu'il veut enregistrer?

548. Les cassettes pour platine-cassette ou magnétophone peuvent durer 60 min, 90 min, 100 min, 120 min.
Les cassettes pour magnétoscope peuvent durer 120 min, 180 min, 210 min, 240 min.
Donne ces durées en heures et minutes.

LECTURE DE DONNÉES (TABLEAUX, GRAPHIQUES, HORAIRES,...)

549. Voici le calendrier annuel des températures à Strasbourg.

Calendrier annuel TEMPÉRATURES (Strasbourg)

Réponds par VRAI ou FAUX.

1 - Juillet est le mois le plus chaud.

2 - Décembre est le mois le plus froid.

3 - En avril, la température moyenne est d'environ 10°.

4 - Octobre est un mois plus froid qu'avril.

550.

	1re semaine	2e semaine	3e semaine	4e semaine	total
45 tours	104	74	88	139	405
33 tours	28	36	14	17	95
Disques laser	86	128	94	138	446
Total	218	238	196	294	

Dans ce tableau, un disquaire a relevé toutes ses ventes de disques durant le mois de mai.

1 - Combien de disques a-t-il vendu durant la 1re semaine ?
2 - Combien de disques laser a-t-il vendu durant le mois de mai ?
3 - Dans le tableau, à quoi correspond le nombre 14 ? le nombre 139 ?
4 - Cherche à quoi correspond la case grise. Peux-tu trouver un moyen de la compléter ?

551.

PARKING DE LA GARE		
1er étage	90	88
2e étage	65	53
3e étage	65	14
	Nombre de places disponibles	Nombre de places occupées

1 - Combien de voitures le parking peut-il contenir ?
2 - Combien de voitures sont actuellement stationnées ?
3 - Combien de voitures peuvent encore se garer au 3e étage ?

552. Avec l'horaire de chemin de fer, aide ces voyageurs à prendre le bon train.

Numéro de train	1634	176	3226	154	4326	7514
Note à consulter	1	2	3	1	1	3
Paris-Montparnasse	07.07	07.10	09.49	10.04	12.51	14.08
Le Mans	08.56	08.51	11.33			15.55
Laval	09.42	09.34		12.35		
Rennes	10.20	10.10	13.00	13.25	15.56	17.14
Vannes	11.38	11.18		14.56		18.42
Lorient	12.08	11.56	15.00	15.44		19.23
Quimper	13.00	12.45	15.51	16.34	18.42	20.14

Notes : 1 : circule tous les jours sauf les dimanches et fêtes.
2 : circule les dimanches et fêtes uniquement.
3 : circule tous les jours.

1 - Monsieur Redoux doit prendre le train le 14 juillet au départ de Paris pour se rendre à Rennes. Il doit être à Rennes avant midi. Quel train doit-il prendre? (Donne son numéro.)

2 - Madame Lise doit prendre le train au Mans le lundi 25 juin pour rejoindre sa fille qui l'attendra à Lorient vers 15 h 30. Quel train peut-elle prendre? (Donne son numéro.)

3 - Monsieur et madame Laurence veulent prendre le train à Vannes le mercredi 30 mai pour se rendre à Lorient. Ils souhaitent arriver à Lorient avant 20 h. Quels trains peuvent-ils prendre?

4 - Paul doit prendre le train à Paris un lundi matin pour se rendre à Laval. Il ne peut pas partir avant 8 h. Quel train doit-il prendre?

5 - Monsieur Levant doit prendre le train à Paris un jeudi pour se rendre à Rennes, où il sera attendu vers 13 h 15 min. Il repartira de Rennes dans l'après-midi afin d'aller à Quimper.
Indique-lui les trains qu'il devra prendre.

553. Observe cet extrait de carte routière, puis réponds aux questions.

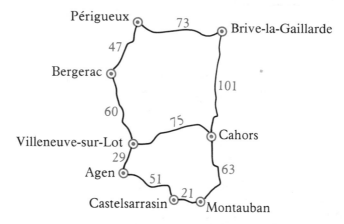

1 - Monsieur Justin doit se rendre de Périgueux à Cahors. Indique-lui, d'après la carte, le chemin le plus court.

2 - Monsieur et madame Labrit partent de Brive-la-Gaillarde pour aller à Agen. Monsieur Labrit affirme qu'il est plus court de passer par Bergerac. Madame Labrit soutient que le chemin le plus court passe par Cahors. Qui a raison? Indique dans ce cas les villes traversées?

3 - Réponds par VRAI ou FAUX à cette proposition et justifie ta réponse :
La distance entre Bergerac et Montauban est plus courte que celle entre Brive-la-Gaillarde et Montauban.

554. Ce graphique représente un extrait des courbes de poids de trois enfants :
- Mathieu (courbe bleue)
- Benjamin (courbe noire)
- Frédéric (courbe pointillée).

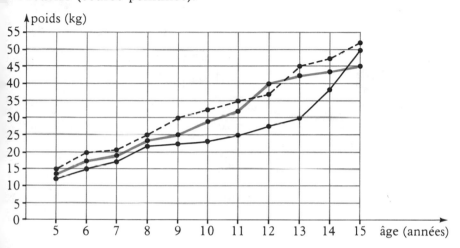

Réponds à ces questions.
1 - Lequel pesait le plus lourd à 6 ans?
2 - Lequel pesait le plus lourd à 12 ans?
3 - Lequel pesait le plus lourd à 15 ans?

Réponds par VRAI ou FAUX.
4 - Benjamin n'a jamais pesé plus lourd que Mathieu.
5 - À 10 ans, Frédéric pesait le même poids que Benjamin.
6 - À 8 ans, les trois garçons pesaient ensemble moins de 60 kg.

97

555. Voici un extrait de catalogue de vente par correspondance. Madame Renoux a choisi plusieurs articles et a rempli le bon de commande, mais certaines informations ont été effacées.
Recopie ce bon et complète-le.

Tee-shirt — 100 % coton
Taille unique — 2 coloris au choix
bleu/blanc ou rouge/blanc
bleu/blanc   Réf. 3077 H 6
rouge/blanc   Réf. 3077 H 3
prix : 69 F

chemisier brodé
2 coloris au choix

	blanc	vert
taille 1	1034A8	1044R5
taille 2	2034C7	2044N6
taille 3	3034E5	3044T8

prix : 94 F

robe classique
50 % polyester
50 % viscose

taille 38	307	J5
taille 40	407	N3
taille 42	507	S7
taille 44	607	A9

prix : 345 F

veste sport bleu roy
70 % coton — 30 % viscose
taille unique
Réf. : 8038 R 7   **prix : 379 F**

Tee-shirt mode — coloris jaune
70 % coton — 30 % polyester

taille 1	2854	R1
taille 2	2855	Z7
taille 3	2856	D4

prix : 56 F

Tee-shirt « l'été bleu »
100 % coton — taille unique
3 coloris au choix

paille :	3064	J4
vert :	5064	R9
cassis :	7064	A7

prix : 80 F

« LES 2 BELGES » Bon de commande				
Désignation article	Référence	Quantité	Prix unitaire	Prix
Tee-shirt bleu/blanc	—	1	69 F	—
—	5064 R9	—	80 F	160 F
Chemisier vert (taille 2)	—	—	—	94 F
Tee-shirt jaune (taille 3)	—	1	56 F	—
			Total	—

556. Observe cet horaire d'autobus et réponds aux questions :

Stations	Horaires						
Mairie	7 h 45	8 h 05	9 h	10 h 30	11 h 15	12 h 25	13 h
Collège	7 h 50	8 h 10	9 h 05		11 h 20	12 h 30	13 h 05
Hôpital	8 h	8 h 20	9 h 15	10 h 40		12 h 40	13 h 15
École Prévert	8 h 05	8 h 25			11 h 30		13 h 20
Piscine	8 h 10	8 h 30	9 h 25	10 h 45		12 h 45	
École Charcot	8 h 20	8 h 40			11 h 40		13 h 25
Stade		8 h 45	9 h 30	10 h 55	11 h 50		13 h 30

1 - Vincent est élève à l'école Charcot. La classe commence à 8 h 30 min. À quelle heure doit-il prendre le car à la mairie pour ne pas être en retard le matin ?

2 - Hélène est élève à l'école Prévert et elle prend aussi le car à la mairie. Peut-elle prendre le car plus tard que Vincent ?

3 - Madame Fagniez prend le car au collège pour rendre visite à une amie à l'hôpital. Elle veut y être entre 9 h et 10 h. À quelle heure doit-elle prendre le car ?

4 - Monsieur Claude peut-il prendre le car à la mairie à 11 h 15 min pour se rendre à la piscine ?

5 - Mathilde prend le car à l'hôpital à 13 h 15 min. Sera-t-elle à l'école Charcot avant la reprise des cours à 13 h 30 min ?

557.

Cinéma «LE GLOBE»		
La longue nuit	*Les Aristochats*	*Montana John et la rivière perdue*
Prix des places : 40 F	Prix des places : 40 F	Prix des places : 50 F
Séances à : 10 h 14 h 30 17 h 19 h 30 22 h	Séances à : 10 h 15 14 h 15 16 h 30 18 h 45 21 h	Séances à : 10 h 14 h 30 17 h 10 19 h 40 22 h 10
Demi-tarif : 1 - Enfants de moins de 10 ans. 2 - Le lundi toute la journée.		

1 - Mercredi, Rachel, qui a 8 ans et ses 2 frères âgés de 14 et 16 ans sont allés ensemble au cinéma, à la 1ʳᵉ séance de l'après-midi. Rachel a vu *Les Aristochats,* Laurent a vu *Une longue nuit* et Frédéric *Montana John et la rivière perdue.*
● Qui est entré le 1ᵉʳ au cinéma ?
● Qui est sorti le dernier ?
● Combien ont-ils payé pour eux trois ?

2 - Un groupe de 5 adultes va voir *Une longue nuit,* le lundi soir à la séance de 17 h. Combien paient-ils ?

3 - Monsieur Critique arrive au cinéma à 14 h. Il souhaite voir successivement les trois films proposés. Est-ce possible ? Dans quel ordre doit-il les voir ?

LES MONNAIES

558. Calcule la somme totale en centimes de chaque ensemble de pièces.

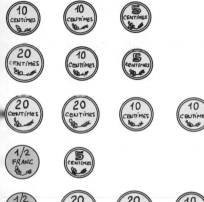

559. Écris en centimes le prix payé avec chaque ensemble de pièces.

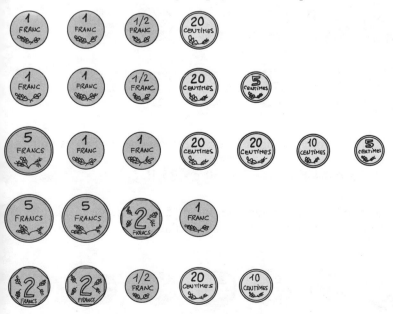

560. Pour payer 60 centimes, je donne 2 pièces. Dessine-les.

561. Pour payer 1 F 50 c, je donne 2 pièces. Dessine-les.
Je peux aussi donner 3 pièces. Dessine-les.

562. Dessine les pièces utilisées pour payer les sommes suivantes :
75 c - 3 F 50 c - 6 F 35 c - 12 F - 15 F.

563. Trouve au moins trois possibilités pour payer 1 F 25 c.

564. Pour chaque ensemble de pièces, écris la somme (en F et c).

565. En utilisant le moins de pièces possibles, dessine les pièces dont tu te sers pour payer :
2 F 25 c - 9 F 75 c - 4 F 45 c - 7 F 50 c - 35 F.

566. Pierre veut acheter un magazine valant 5 F 60 c. Voici les pièces qu'il a dans son porte-monnaie ; a-t-il assez d'argent ?

567. Écris en centimes les sommes suivantes.
(N'oublie pas : 1 F = 100 c.)

2 F =	4 F 25 c =
3 F =	3 F 75 c =
5 F =	10 F =
3 F + 1 F =	12 F 50 c =
15 F =	15 F 35 c =

568. Complète le tableau suivant (en utilisant le moins de pièces possible).

	12 F 35 c	17 F	4 F 50 c	7 F 95 c	2 F 85 c	25 F 55 c
10 F						
5 F						
2 F						
1/2 F						
20 c						
10 c						
5 c						

569. Voici quatre articles que madame Cousin a achetés au super-marché.
Quelle somme totale a-t-elle dépensée ?

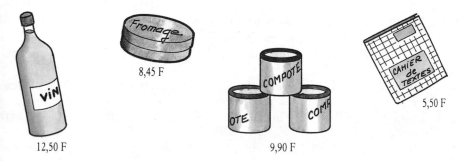

8,45 F

12,50 F   9,90 F   5,50 F

570. Rachel achète un livre à 32 F 20 c et un stylo-plume à 23 F 50 c. Combien doit-elle payer en tout pour ces deux achats ?

571. J'ai dépensé 66 F chez la fleuriste.
Indique deux manières de payer.

572. Écris le prix payé avec :
- 3 pièces de 5 F, 2 pièces de 2 F, 2 pièces de 1/2 F et 3 pièces de 20 c.
- 1 pièce de 10 F, 2 pièces de 5 F, 1 pièce de 2 F, 1 pièce de 50 c, 1 pièce de 10 c et 3 pièces de 5 c.
- 4 pièces de 10 F, 1 pièce de 5 F, 3 pièces de 1 F, 3 pièces de 20 c et 2 pièces de 10 c.
- 2 pièces de 10 F, 2 pièces de 5 F, 5 pièces de 2 F, 4 pièces de 1 F et 4 pièces de 5 c.
- 6 pièces de 10 F, 5 pièces de 1 F, 4 pièces de 50 c, 4 pièces de 20 c, 1 pièce de 10 c, 1 pièce de 5 c.

573. Maman doit 46 F chez le boucher ; elle paie avec le **minimum**★ de pièces et de billets ; dessine-les.

574. Sabine achète un gâteau à la boulangerie ; elle donne 2 pièces de 2 F, 1 pièce de 50 c, 1 pièce de 20 c et 1 pièce de 5 c.
« Tu m'as donné 10 centimes de trop ! » lui dit la boulangère.
Quel est le prix du gâteau ?

575. Maman a dans son porte-monnaie 3 pièces de 10 F, 2 pièces de 5 F, 4 pièces de 1 F, 1 pièce de 2 F et 3 pièces de 20 c. Elle veut acheter une **revue**★ valant 27 F 40 c.
A-t-elle assez d'argent ?
Quelle autre question peux-tu poser ?

576. Écris dans l'ordre croissant les sommes d'argent suivantes.
175 F 40 c - 183 F 95 c - 13 F - 223 F 05 c - 10 F 80 c -
27 F 20 c - 225 F - 107 F 30 c - 150 F 90 c - 22 F.

577. De quelle somme disposes-tu si tu as :
- 3 billets de 20 F et 4 pièces de 10 F.
- 1 billet de 200 F, 2 billets de 100 F, 3 billets de 50 F et 2 pièces de 5 F.
- 2 billets de 500 F, 3 billets de 200 F, 4 billets de 50 F et 5 pièces de 10 F.
- 1 billet de 500 F, 1 billet de 200 F, 2 billets de 100 F et 3 billets de 20 F.
- 1 billet de 200 F, 4 billets de 20 F, 2 pièces de 10 F, 1 pièce de 5 F et 3 pièces de 2 F.

578. Julien achète un jeu électronique d'une valeur de 55 F. Il donne un billet de 200 F.
Combien lui-rend-on ?

IV MESURER, CLASSER, RANGER

579. Recopie et complète le tableau suivant en utilisant le moins de pièces possible.

	500 F	200 F	100 F	50 F	20 F	10 F	5 F	2 F	1 F	1/2 F	20 c	10 c	5 c
397 F 55													
225 F													
348 F 95													
299 F 65													
121 F 60													
244 F 85													
1 129 F 50													

580. Pour payer 100 F, indique :
- le nombre de pièces de 10 F,
- ou le nombre de pièces de 5 F,
- ou le nombre de billets de 20 F,
- ou le nombre de billets de 50 F.

581. Complète le tableau suivant.

Somme donnée	Prix	Monnaie rendue
100 F	79 F	
10 F	7 F 90	
170 F	166 F 55	
200 F	191 F 20	
500 F	395 F	

582. Emmanuelle achète 3 albums de bandes dessinées à 61 F l'un. Combien dépense-t-elle ?
Elle donne 1 billet de 100 F, 1 billet de 50 F et 2 billets de 20 F. Combien la caissière doit-elle lui rendre ?

583. En échange d'1 billet de 500 F, combien de billets de 100 F ou de 50 F doit-on vous donner ?

584. Complète le tableau suivant.

Somme donnée	Prix	Monnaie rendue
	150 F	50 F
	235 F	15 F
	199 F	1 F
	349 F 50	150 F 50
	127 F 75	72 F 25

585. À la pharmacie, une cliente achète pour 125 F de médicaments; la cliente suivante en achète pour 55 F de plus que la première.
Quelle somme doit payer la seconde cliente?
Elle donne un billet de 500 F au pharmacien.
Combien doit-il lui rendre?

586. Lors de la fête des écoles, on a vendu :
● 250 parts de gâteaux à 5 F l'une,
● 195 bouteilles de jus de fruit à 7 F l'une.
Quelle somme a rapporté la vente des parts de gâteaux?
Quelle somme a rapporté la vente des bouteilles de jus de fruit?
De quelle somme totale dispose-t-on à la fin de la fête?
Essaie de constituer cette somme avec le moins de billets et de pièces possible.

587. Pour tricoter un gilet, grand-mère a acheté 12 pelotes de laine à 25 F l'une, ainsi que 6 boutons à 5 F l'un.
Calcule la somme totale de ses achats.
Elle a donné 2 billets de 200 F à la mercière.
Quelle somme lui a-t-on rendue?

LES LONGUEURS : COMPARAISON - CLASSEMENT - MESURE

m	dm	cm	mm

km	hm	dam	m

588. Range ces bandelettes de la plus grande à la plus petite.

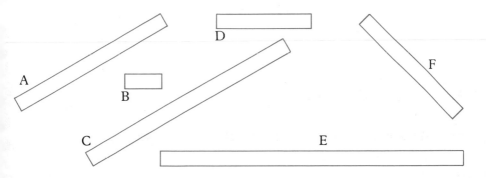

589. Classe les segments du plus court au plus long.

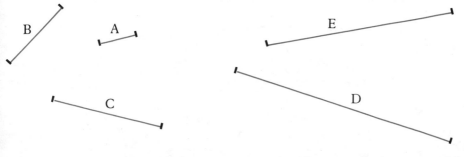

590. Quels sont les segments qui ont la même longueur?

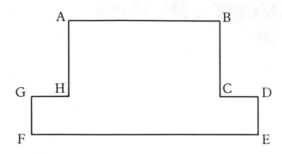

591. Classe les segments du plus petit au plus grand.

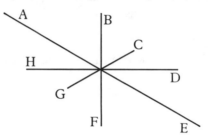

592. Trace les segments suivants.
AB = 2 cm; CD = 3 cm; EF = 1 cm; GH = 8 cm; IJ = 11 cm.

593. Mesure la longueur totale de cette ligne brisée.

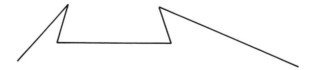

594. Mesure les segments suivants (en cm).

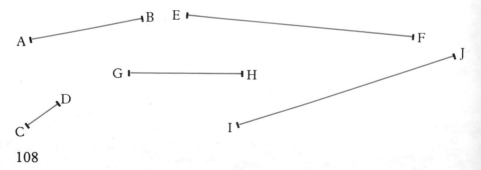

595. Calcule la longueur totale de la ligne noire, puis mesure la ligne bleue.
Que remarques-tu?

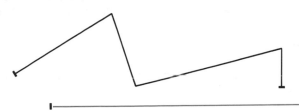

596. D'après toi, quelles sont les longueurs de ces objets? (Mets une croix dans les bonnes cases.)

	gomme	crayon	livre	timbre
25 cm				
6 cm				
15 cm				
2 cm				

597. Voici des segments. Mesure-les à l'aide d'une règle graduée, puis encadre-les dans le tableau suivant (en cm).

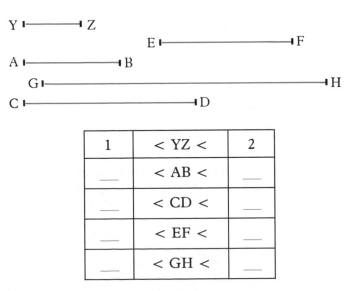

1	< YZ <	2
__	< AB <	__
__	< CD <	__
__	< EF <	__
__	< GH <	__

598. Dessine bout à bout des segments de 5 cm, 3 cm, 6 cm.
Calcule la longueur totale obtenue.

599. Un escargot parcourt une distance de 27 cm ; il fait une pause, puis repart pour se réfugier sous une feuille de salade. En tout, il a parcouru 55 cm.
Quelle distance a-t-il parcourue après la pause ?

600. Une fourmi parcourt 6 fois les 42 cm qui séparent la fourmilière d'une pomme abîmée.
Que peux-tu calculer ?

601. Un cahier a une marge de 4 cm ; il reste 14 cm pour écrire.
Calcule la largeur de la page.

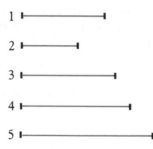

602. Mesure les segments suivants en cm et mm.

603. Trace les segments suivants.
AB = 2 cm 5 mm - CD = 1 cm 3 mm - EF = 2 cm 8 mm - GH = 3 cm 1 mm - IJ = 4 cm 4 mm.

604. Quelle unité utiliser ?
Un cahier mesure 22 ___
Un taille-crayon mesure 25 ___
Le bureau du maître mesure 130 ___
L'agrafeuse mesure 8 ___
Une craie mesure 80 ___

605. Calcule la longueur totale des segments suivants.
Trace 1 seul segment correspondant à cette longueur.

606. Complète le tableau suivant.

Mesures (en mm)	Encadrements
28	entre 3 cm et 4 cm
82	entre ___ et ___
75	
23	
49	
133	

607. Complète le tableau suivant.

Mesures (en mm)	Mesures (en cm et mm)
27	2 cm 7 mm
34	
52	
71	
98	
103	

608. Conversions.

4 cm = ___ mm   35 cm = ___ mm
7 cm = ___ mm   27 cm = ___ mm
12 cm = ___ mm

609. Même exercice que **608.**

40 mm = ___ cm   72 mm = ___ cm ___ mm
32 mm = ___ cm ___ mm   36 mm = ___ cm ___ mm
50 mm = ___ cm

610. La lame d'un couteau mesure 6 cm, le manche mesure 1 dm.
Trouve la longueur totale du couteau en cm.

611. Maman veut acheter une machine à laver ayant les dimensions suivantes :
555 mm de largeur, 620 mm de profondeur.
Dans la cuisine, la place réservée à la machine à laver a les dimensions suivantes :
largeur : 58 cm 5 mm, profondeur : 64 cm.
La machine rentrera-t-elle à cet endroit ?

612. Écris dans l'ordre croissant.
9 dm - 82 cm - 1 m - 13 dm - 77 cm - 11 dm - 3 m - 72 cm - 1 550 mm.

613. Écris les longueurs qui dépassent 1 m.
14 dm - 1 230 mm - 135 cm - 9 dm - 90 cm - 200 cm - 230 mm - 23 dm.

614. Quels sont les objets dont la longueur est inférieure à 1 m ?

la hauteur de la porte
la hauteur du bureau
la hauteur d'une table d'élève
la hauteur d'une armoire
la hauteur de l'estrade
la hauteur d'un seau à eau
la hauteur totale d'une chaise

615. Convertis dans l'unité demandée.

3 m	= ___ cm		2 dm 8 cm	= ___ cm
7 m	= ___ cm		4 dm 7 cm	= ___ cm
2 dm	= ___ cm		2 m 8 dm	= ___ cm
9 dm	= ___ cm		1 m 5 dm	= ___ cm
120 mm	= ___ cm		53 dm	= ___ cm

616. Même exercice que **615**.

70 cm	= ___ dm	300 cm	= ___ m
130 cm	= ___ dm	815 cm	= ___ m ___ cm
4 m 3 dm	= ___ dm	25 dm	= ___ mm
6 m 7 dm	= ___ dm	302 cm	= ___ m ___ cm
4 m	= ___ dm	718 cm	= ___ m ___ cm

617. Dans une baguette de bois longue de 4 m, papa coupe un morceau de 75 cm, puis une autre de 45 cm.
Quelle est la longueur de baguette utilisée ?
Quelle est la longueur de baguette restante ?

618.

L = 70 cm

Maman veut acheter une nappe qui retomberait de 30 cm de chaque côté de cette table.
Quelle doit être la longueur totale de cette nappe?

619. Sébastien mesure 1 m 55 cm. Sa sœur Mélanie mesure 2 dm 3 cm de moins que lui.
Quelle est la taille de Mélanie?

620. Lors d'une rencontre sportive, un athlète saute 2 m 7 cm. Un autre concurrent améliore cette performance de 1 dm 3 cm.
Quelle hauteur a sauté ce 2e concurrent?

621. Dans un placard, papa veut faire une étagère de 56 cm de longueur. Il dispose d'une planche de 6 dm de long.
Que peux-tu calculer?

622. Un dictionnaire a une épaisseur de 65 mm.
Calcule (en cm) l'épaisseur de 3 dictionnaires identiques posés l'un sur l'autre.

623. Un pied (ancienne mesure) équivaut à 32 cm environ.
Tom dit à son père : «Je mesure 5 pieds.»
Quelle est la taille de Tom en cm, en m et cm?

624. Quelle unité emploies-tu pour évaluer :
● la hauteur de la tour Eiffel?
● la mesure du grand côté d'un carnet?
● l'altitude à laquelle se trouve un satellite?
● la longueur de la façade d'une maison?
● l'épaisseur d'une pièce de monnaie?
● la distance entre Lyon et Marseille?

625. Classe les longueurs suivantes dans l'ordre croissant.
1 500 m - 1 km - 34 dam - 280 m - 2 430 m - 3 km - 4 hm - 20 hm - 500 m - 800 m.

626. Convertis dans l'unité demandée.

4 km = ___ m = ___ hm = ___ dam

8 km = ___ m = ___ hm = ___ dam

7 000 m   = ___ km = ___ hm   = ___ dam

40 hm   = ___ km = ___ dam   = ___ m

300 dam   = ___ km = ___ hm   = ___ m

627. Même exercice que **626**.

4 905 m = ___ km et ___ m

7 045 m = ___ km et ___ m

4 344 m = ___ km et ___ m

84 hm et 7 m   = ___ km et ___ m

8 km 39 dam   = ___ m

628. Trouve l'unité.

6 305 m = 6 ___ 3 ___ 5 ___   3 722 m = 3 ___ 722 ___

2 024 m = 2 ___ 2 ___ 4 ___   4 500 m = 45 ___

7 000 m = 7 ___

629. Convertis en m, puis effectue les opérations.

6 km + 12 dam + 9 m = ___ m

9 km + 32 dam + 29 m = ___ m

5 km + 32 hm = ___ m

248 m + 3 km = ___ m

5 km 8 m − 18 dam = ___ m

630. Cyril doit parcourir 4 km pour se rendre chez sa tante. Il a déjà fait 2 800 m.
Quelle distance (en m) lui reste-t-il à parcourir ?

631. Le facteur parcourt 15 km par jour.
Quelle distance cela représente-t-il pour une semaine de travail de 5 jours ? pour un mois de travail de 22 jours ?

632. On pose une **canalisation*** d'eau sur 5 km.
Quelle longueur de tuyau reste-t-il à poser si on en a déjà installé 14 hm 500 m ?

633. La piste d'un stade mesure 400 m. Un coureur tombe après avoir parcouru 20 dam 5 m.
Quelle distance lui reste-t-il à parcourir pour terminer ?

634. Pour clore un champ ayant un périmètre de 725 m, un agriculteur achète 16 rouleaux de grillage de 5 dam chacun.
De quelle longueur de grillage dispose-t-il ?
Quelle longueur de grillage lui restera-t-il quand il aura clôturé son terrain ?

635. Sur une étagère, Richard pose côte à côte 17 livres de 35 mm d'épaisseur chacun.
Quelle longueur cela représente-t-il ?

636. Pour étendre le linge, Maman dispose d'un séchoir comptant 4 fils ayant les dimensions suivantes :
1er fil : 95 cm - 2e fil : 700 mm - 3e fil : 1 m 35 cm - 4e fil : 1 m 5 dm.
Quelle est la longueur totale de fil ?

637. Une piste de ski mesure 4 km. Un 1er skieur s'élance, mais chute au bout de 15 hm. Un second skieur parcourt une distance double de celle du 1er, puis chute à son tour.
Quelle distance (en km) a parcouru le 1er skieur ?
Quelle distance (en km) a parcouru le second skieur ?
Calcule pour chacun des deux concurrents la distance qui leur restait à parcourir pour terminer le parcours.

LES MASSES : COMPARAISON - CLASSEMENT - MESURE

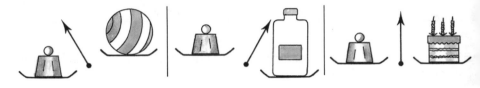

1 kg = 1000 g | kg | hg | dag | g |

638. Range les trois objets du plus lourd au plus léger.

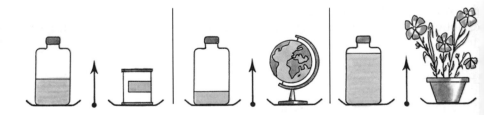

639. Range les trois objets du plus léger au plus lourd.

640. Observe ces trois balances et classe les jouets du plus léger au plus lourd.

641. Indique la masse, en grammes, de chaque objet.

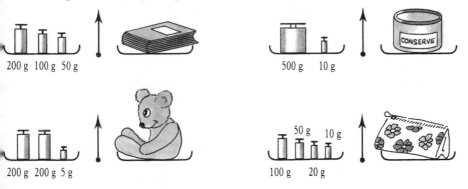

200 g 100 g 50 g   500 g   10 g

200 g 200 g 5 g   100 g   20 g

642. Observe ces deux pesées et indique entre quels nombres est comprise la masse du ballon.

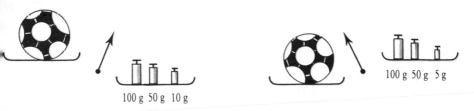

100 g 50 g 10 g   100 g 50 g 5 g

643. Marine a utilisé une boîte de masses marquées pour peser plusieurs objets. À l'aide du tableau ci-dessous, indique la masse de chaque objet.

500g	200g	100g	100g	50g	20g	10g	10g	5g	2g	2g	1g	Masse totale
X	X	X		X		X			X			
	X	X			X		X				X	
X		X	X		X	X	X			X	X	

644. On a placé sur le plateau d'une balance des objets pesant **respectivement*** 800 g, 765 g, 134 g, 281 g, 493 g. Équilibre l'autre plateau en utilisant le moins possible de masses marquées.

	500g	200g	100g	100g	50g	20g	10g	10g	5g	2g	2g	1g
800g												
765g												
134g												
281g												
493g												

645. Observe ces deux pesées; on a équilibré le pichet avec une masse de sable; puis on a pesé cette même masse de sable.
Indique donc la masse du pichet.

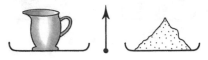 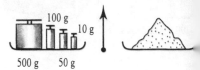

646. Quelle est la masse du lait contenu dans la bouteille?

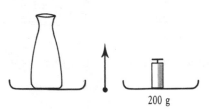 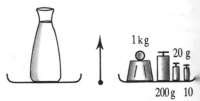

647. Complète.

3 kg : ___ g	7 kg et 700 g : ___ g	4 800 g = 4 ___ et 800 ___
2 kg et 100 g : ___ g	2 kg et 40 g : ___ g	3 020 g = ___ kg et 20 ___
1 kg et 30 g : ___ g	8 kg et 20 g : ___ g	5 600 g = 5 ___ et ___ g
5 kg et 7 g : ___ g	4 kg et 5 g : ___ g	2 005 g = 2 ___ et ___ g
5 000 g : ___ kg	10 000 g : ___ kg	15 000 g = ___ kg

648. Effectue, puis convertis.

335 g + 160 g + 580 g = ___ g = ___ kg et ___ g
200 g + 1 850 g + 50 g = ___ g = ___ kg et ___ g
365 g + 12 g + 2 700 g = ___ g = ___ kg et ___ g
290 g + 5 g + 705 g = ___ g = ___ kg et ___ g
1 825 g + 3 265 g + 30 g = ___ g = ___ kg et ___ g

649. La maman de lisa a acheté un paquet de riz de 500 g, une boîte de compote de pommes de 850 g et une boîte de sauce de 190 g.
Quelle masse totale doit-elle porter? (Exprime le résultat en g, puis en kg et g.)

650. Pour peser les confitures qu'elle a préparées, maman a utilisé les masses suivantes.

Quelle masse de confitures, en grammes, maman a-t-elle préparée?

118

REPÉRAGES (CASES, NŒUDS)

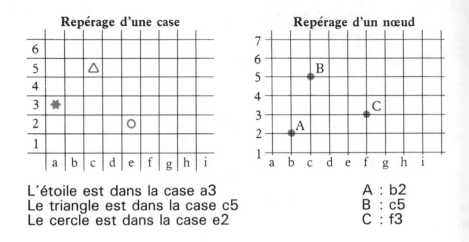

Repérage d'une case

L'étoile est dans la case a3
Le triangle est dans la case c5
Le cercle est dans la case e2

Repérage d'un nœud

A : b2
B : c5
C : f3

651. Donne le code de chacune des cases coloriées en bleu : a3, ...

652. Même exercice que **651**.

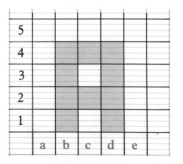

653. Colorie les cases c5, b4, d4, a3, c3, e3, c2, c1 pour obtenir un dessin.

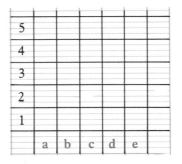

654. En coloriant les cases b1, c1, d1, b2, b3, b4, b5, c3, c5, d5, tu obtiendras une lettre de l'alphabet.

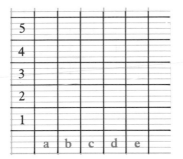

655. À chaque code correspond une lettre. Retrouve ainsi les noms de deux personnages célèbres.

4	V		X	A	G	R	Z	T
3	O	F	E		M	Y	N	
2	B	T	H	W	I	P		Q
1	R		L	C		U	E	U
	a	b	c	d	e	f	g	h

4		A	B	L		I		
3	V	T		C	O	R	S	N
2	E	P	I	D		T	Y	
1	N		R	M			Q	Z
	a	b	c	d	e	f	g	h

1) a4, c3, a1, d1, e2, g3.
2) e4, g1, h4, a3, f4, e2, c4.

121

REPÉRAGE D'UNE CASE

656. Code le chemin emprunté par le chaperon rouge pour aller voir sa grand-mère.

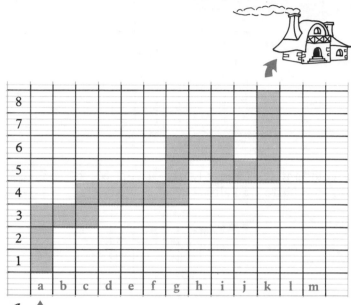

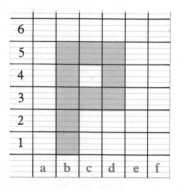

657. Trouve les codes qui servent à faire la lettre P, puis reproduis-la sur l'autre quadrillage.

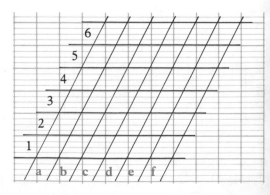

658. Même exercice que **657** avec la lettre G.

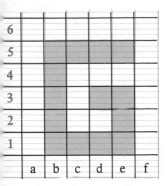 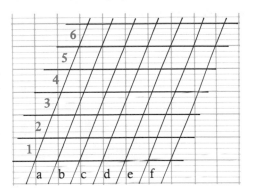

REPÉRAGE D'UN NŒUD

659. Reproduis ce quadrillage. Trouve les codes des points marqués, puis relie-les dans l'ordre pour obtenir une lettre de l'alphabet.

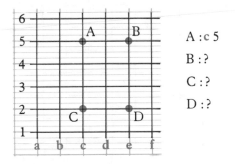

A : c 5

B : ?

C : ?

D : ?

660. Même exercice que **659**.

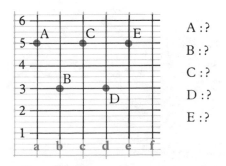

A : ?

B : ?

C : ?

D : ?

E : ?

661. Reproduis ce quadrillage. Place les points A : a4, B : d6, C : e4, D : b2. Relie-les dans l'ordre pour obtenir une figure géométrique. Laquelle obtiens-tu?

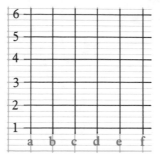

662. Même exercice que **661** en plaçant les points A : b7, B : g7, c : f4, D : b4, E : d6.
Relie ensuite A à B, B à C, C à D, D à A, B à E, A à E.
Qu'obtiens-tu?

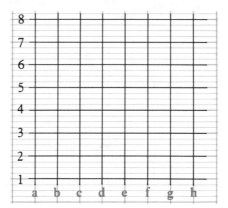

663. Code le chemin que doit prendre le pirate pour trouver le trésor.

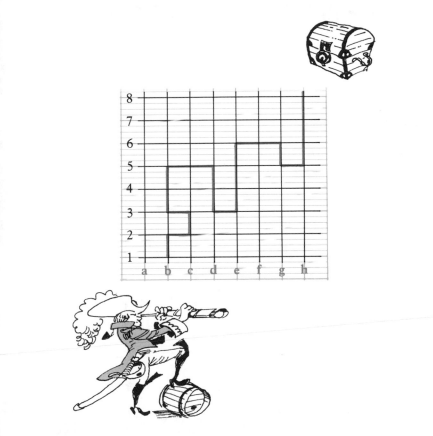

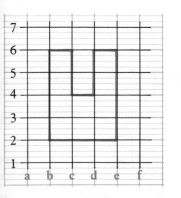

664. Reproduis les quadrillages ci-dessous, puis le dessin sur chacun d'eux.

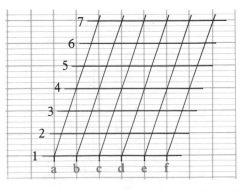

UTILISATION DE CES REPÉRAGES : DÉPLACEMENTS - TRANSLATION

665. En utilisant les signes suivants ↑↓→←, code la suite du chemin de M à N.
Même exercice pour le chemin de Y à Z.

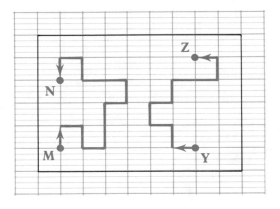

666. Chaque signe indique que l'on change d'une case dans une certaine direction. Observe les signes suivants et dessine l'étoile à la place qu'elle occupera après le déplacement.

B2 ↑ → → ↑ ← ↑ → → → ↓ → → ↑ ?

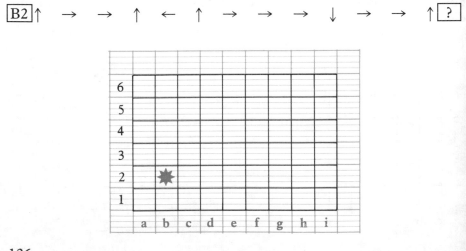

667. Même exercice.

C6 → → ↑ → ↓ ↓ ← ↓ ← ← ↑ ← ← ← ↓ ← ↑ ↑ → ↑ ← ?

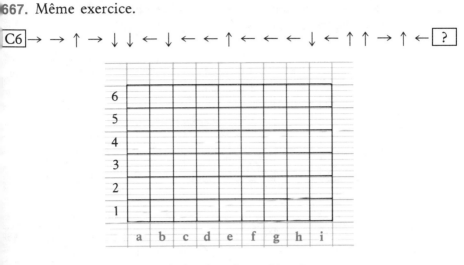

668. Place T en C2 et suit le chemin codé suivant :

C2 → ↓ → → ↑ ← ↑ → ↑ → ↓ ?

Trouve la position de T après le déplacement.

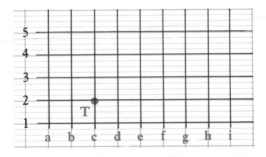

669. Place X en C3, puis suit le chemin suivant :
↑ ↓ ← → ↓ → ↑ ←
Que remarques-tu ?

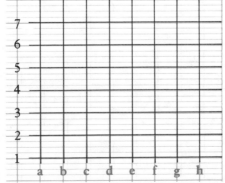

670. Regarde le déplacement des couleurs des carrés ci-dessous puis complète les trois derniers carrés.

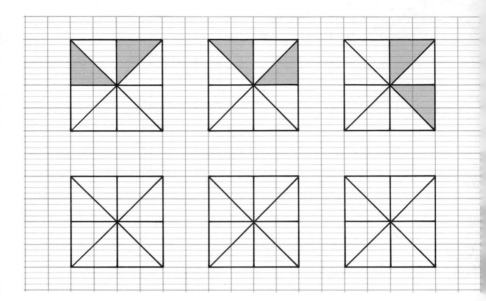

671. On a dessiné une fusée à partir du point A.
Dessine la même fusée à partir du point B.

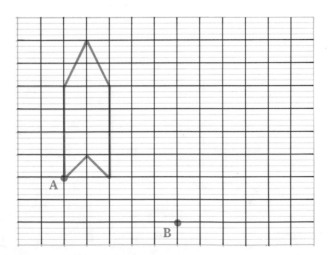

SYMÉTRIE

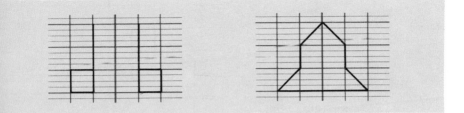

72. Reproduis ces lettres et trace leur(s) axe(s) de symétrie.

73. L'une de ces lettres n'a pas d'axe de symétrie. Laquelle?

74. Reproduis cette figure et trace ses deux axes de symétrie.

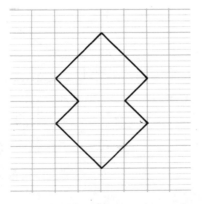

75. Dessine un carré et trace ses quatre axes de symétrie.

676. Reproduis ces figures
et trace leur symétrique.

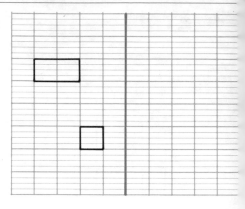

677. Même exercice que **676**.

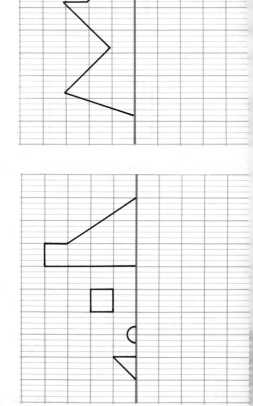

678. Même exercice que **676**.

79. Même exercice que **676**

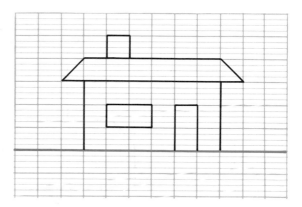

80. Même exercice que **676**.

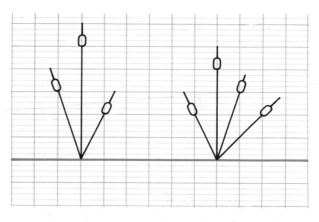

81. Même exercice que **676**.

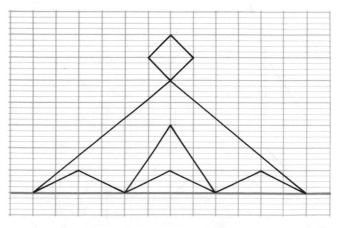

682. Même exercice que **676**.

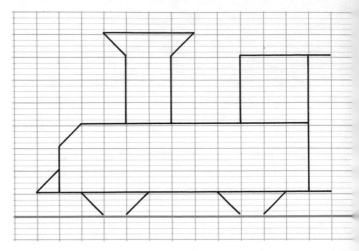

683. Même exercice que **676**.

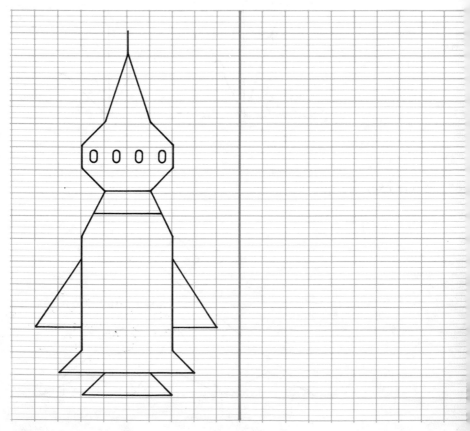

684. Même exercice que **676**

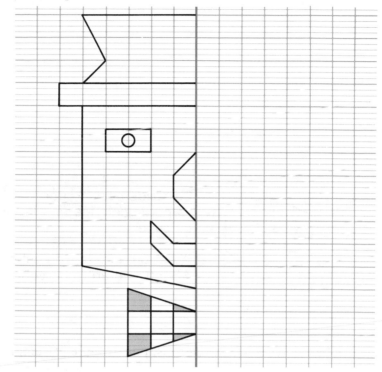

685. Même exercice que **676**.

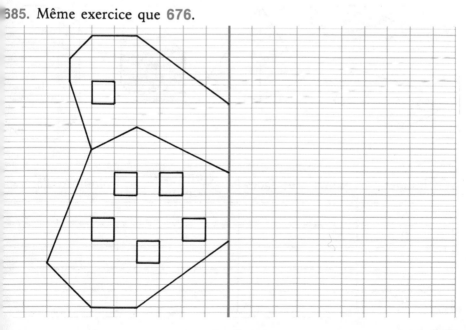

LES SOLIDES

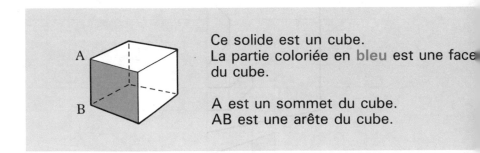

Ce solide est un cube.
La partie coloriée en bleu est une face du cube.

A est un sommet du cube.
AB est une arête du cube.

686. Observe les solides ci-dessous, puis recopie et complète le tableau

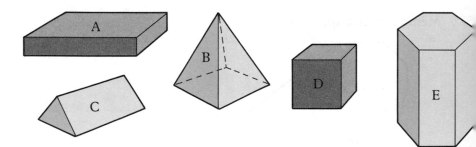

Solides	Nombre de faces	Nombre de sommets	Nombre d'arêtes
A			
B			
C			
D			
E			

687. Reproduis sur une feuille le modèle ci-dessous et ceux des pages 136 et 137, puis découpe-les pour construire les solides. (Les surfaces noires sont les onglets qui te permettront de coller les différentes faces.)

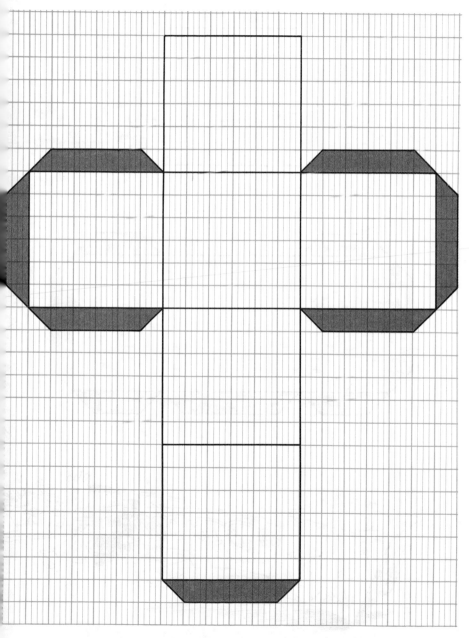

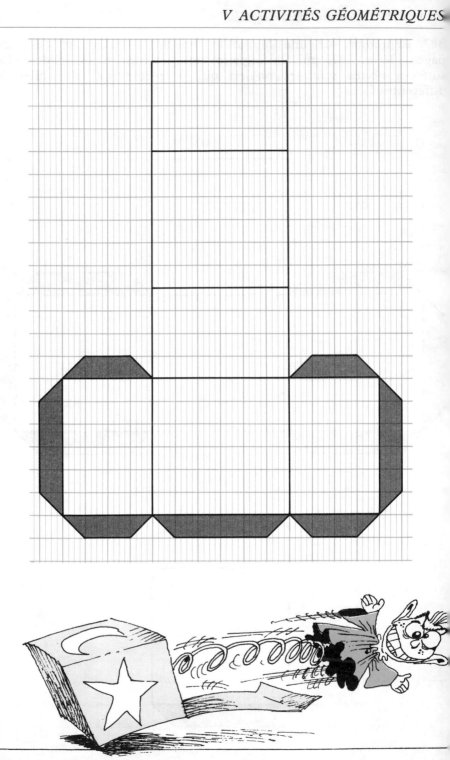

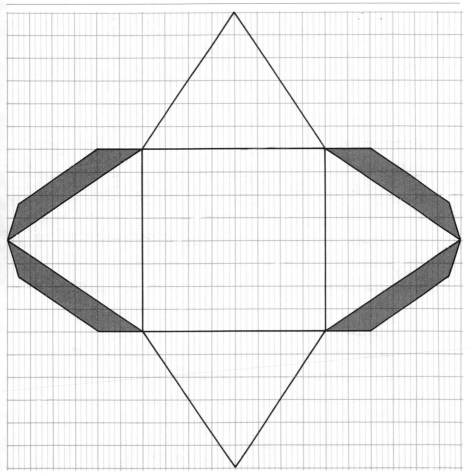

688. Observe ce cube.
Quels sommets appartiennent à la fois à la face bleue et à la face blanche?
Quel sommet appartient à la fois aux faces bleue, noire et blanche?

Réponds par VRAI ou FAUX :
AB est une arête commune aux faces bleue et noire.
DC est une arête commune aux faces noire et blanche.

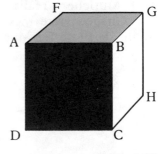

689. Avec les cubes de son jeu, Pierre a réalisé les assemblages ci-dessous. Indique, pour chacun, le nombre de cubes utilisés.
Recopie et complète :

A : ___ cubes   B : ___ cubes   C : ___ cubes   D : ___ cubes
E : ___ cubes   F : ___ cubes   G : ___ cubes   H : ___ cubes.

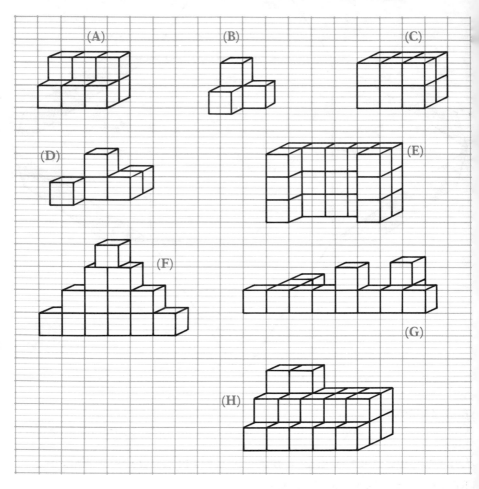

690. Murielle a réalisé ce cube avec du fil de fer. Chaque arête mesurant 5 cm, quelle longueur de fil de fer Murielle a-t-elle utilisée ?

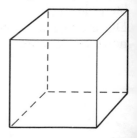

LES SURFACES - LES LIGNES

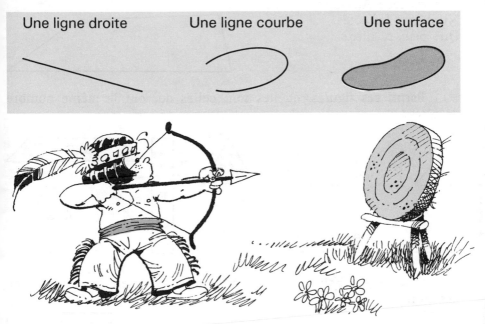

Une ligne droite   Une ligne courbe   Une surface

691. Quel est le nombre de traits droits formant cette ligne brisée ?
Nomme-les : AB, BC, ...

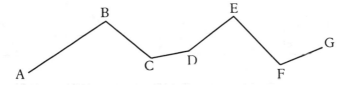

692. Trace une ligne brisée formée de 5 traits droits.

693. Trace une ligne brisée formée par des traits droits reliant les
points suivants : G F M I K L J H.

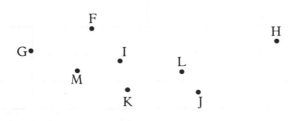

694. Trace ce polygone sur une feuille.
Combien y a-t-il de sommets?
Nomme-les : A,B,C,D.
Numérote les côtés.
Que peux-tu dire?

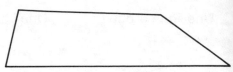

695. Parmi ces figures, quelles sont celles qui ont le même nombre de côtés?

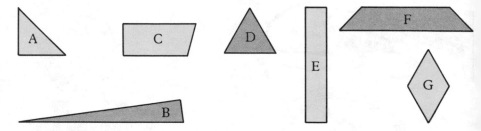

696. Observe ces polygones, puis recopie et complète le tableau avec des croix.

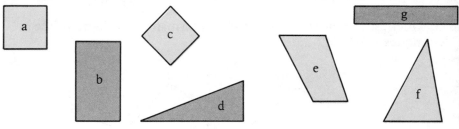

	Carré	Rectangle	Triangle
a			
b			
c			
d			
e			
f			
g			

697. Voici des polygones ; observe-les, recopie et complète le tableau.

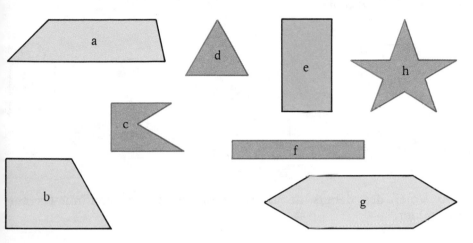

	Nombre de côtés	Nombre de sommets
a		
b		
c		
d		
e		
f		
g		
h		

698. Quel est l'intrus ? Pourquoi ?

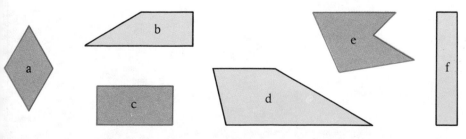

699. Parmi ces figures, quelles sont celles qui ne sont pas des polygones? Pourquoi?

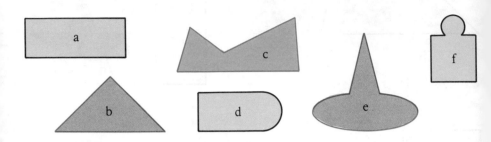

700. Voici des débuts de frises. Reproduis-les et continue-les sur ton cahier.

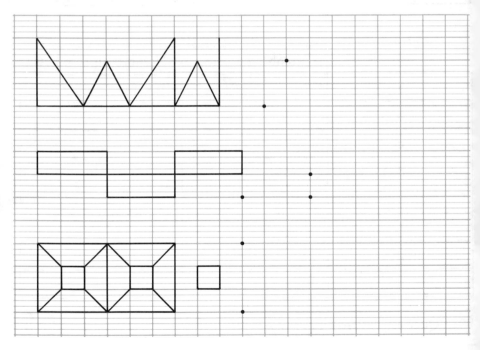

LE CARRÉ - LE RECTANGLE

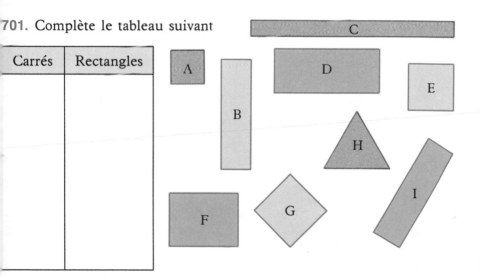

	Le carré	Le rectangle

Le carré

A ┌───┐ B
D └───┘ C

AB = BC = CD = DA
4 côtés égaux
4 angles droits

Le rectangle

A ┌──────┐ B
D └──────┘ C

AB = CD : longueur
AD = BC : largeur
4 angles droits

701. Complète le tableau suivant

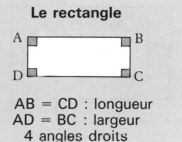

Carrés	Rectangles

702. Reproduis ces polygones sur du papier quadrillé.

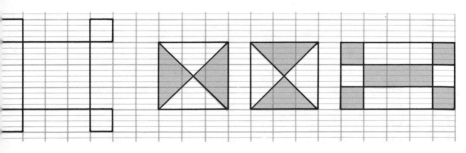

703. Même exercice que **702**

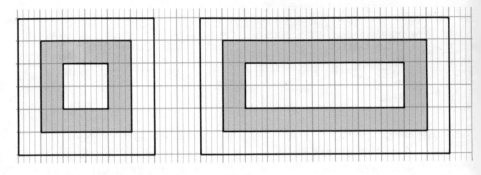

704. Mesure, en cm, les 4 côtés de chaque figure.

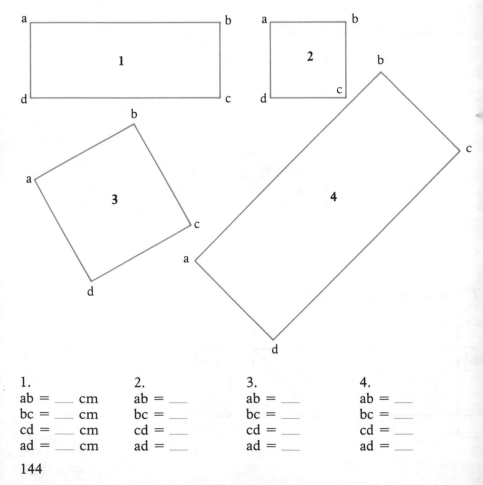

1.	2.	3.	4.
ab = ___ cm	ab = ___	ab = ___	ab = ___
bc = ___ cm	bc = ___	bc = ___	bc = ___
cd = ___ cm	cd = ___	cd = ___	cd = ___
ad = ___ cm	ad = ___	ad = ___	ad = ___

144

05. Recopie et complète les frises suivantes.

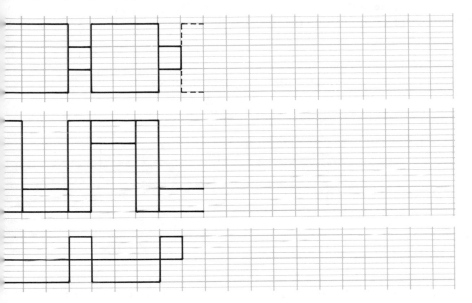

06. Sur du papier quadrillé, trace deux rectangles d'après le tableau suivant.

1	Longueur : 7 cm Largeur : 4 cm	2	Longueur : 5 cm Largeur : 3 cm

07. ABCD et EFGH sont des polygones quadrilatères.
À l'aide du double décimètre et de l'équerre, mesure les côtés et étudie les angles.
Que peux-tu dire?

708. Sur du papier quadrillé, trace :
- un carré de 4 cm de côté ;
- un carré de 6 cm de côté ;
- un carré de 7 cm de côté.

709. Calcule le périmètre de ce terrain de football.

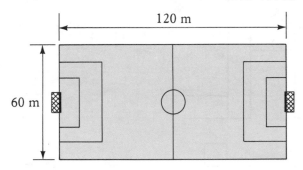

Calcule de deux manières différentes le périmètre de ce carré.

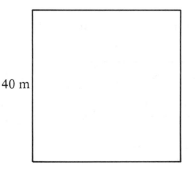

40 m

710. Un coureur fait le tour d'un champ carré de 320 m de côté.
Calcule la longueur totale de son parcours.
Le coureur fait 5 fois le tour du champ.
Quelle distance court-il ?

711. On entoure un panneau publicitaire d'une bande fluorescente rouge. Ce panneau mesure 4 m de longueur sur 2 m de largeur. Quelle est la longueur de la bande fluorescente?

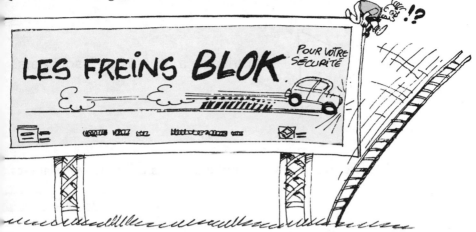

712. Voici les dimensions d'une ardoise.
Longueur : 28 cm ; largeur : 20 cm.
Calcule la mesure du tour de l'ardoise.

713. Un jardinier utilise du grillage pour entourer une pelouse de 18 m de long sur 9 m de large.
Quelle est la longueur de grillage utilisée?
Le jardinier avait 3 rouleaux de 25 m.
Quelle longueur de grillage lui reste-t-il?

714. Voici un champ carré dont l'entrée mesure 3 m. Un agriculteur veut le **clôturer***.

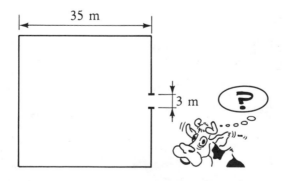

Quelle sera la longueur de la clôture?

LE TRIANGLE

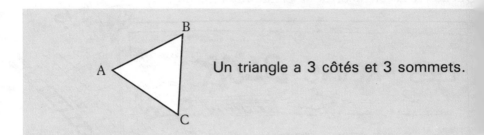

Un triangle a 3 côtés et 3 sommets.

715. Parmi les figures ci-dessous, indique celles qui sont des triangles.

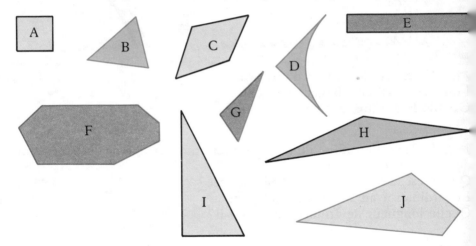

716. Parmi ces triangles, lesquels ont un angle droit? (Aide-toi de l'équerre.)

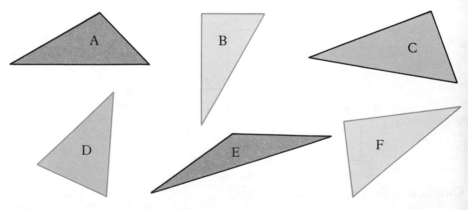

17. Parmi ces triangles, lesquels ont 2 côtés de même longueur?
L'un de ces triangles a une autre particularité.
Peux-tu l'identifier?

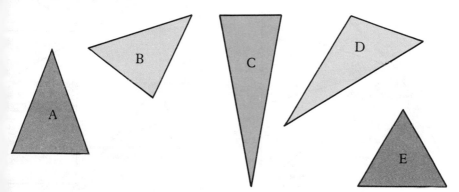

18. Trace trois triangles ayant un angle droit.

19. Trace trois triangles ayant 2 côtés égaux.

20. Trace un triangle ayant un angle droit et 2 côtés égaux.

21. Trace un triangle ayant 2 côtés mesurant chacun 4 cm.

22. Trace un triangle ayant un angle droit et 2 côtés mesurant chacun 5 cm.

23. Recopie et complète cette frise.

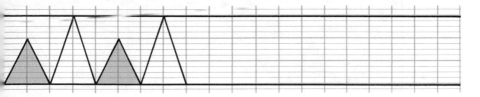

24. Recopie et complète cette frise.

725. Dans chacune des figures géométriques suivantes, compte le nombre de triangles.

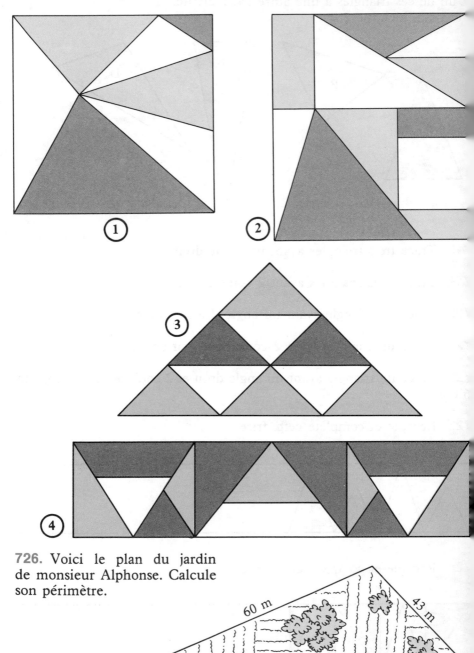

726. Voici le plan du jardin de monsieur Alphonse. Calcule son périmètre.

60 m

43 m

86 m

27. Calcule le périmètre de chacune des voiles de ce bateau. (Effectue les calculs en dm, puis en m.)

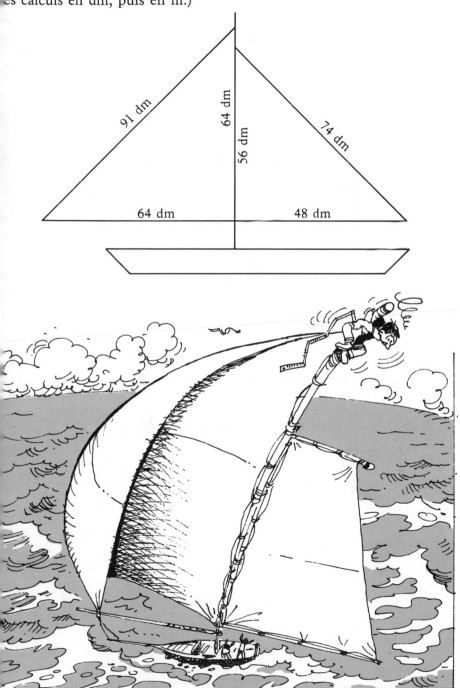

L'ÉQUERRE - LE COMPAS

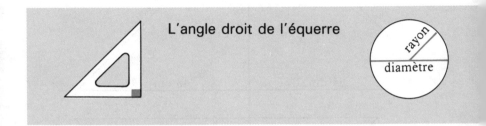

L'angle droit de l'équerre

L'ÉQUERRE

728. À l'aide d'une équerre, cherche tous les angles droits des figures suivantes.

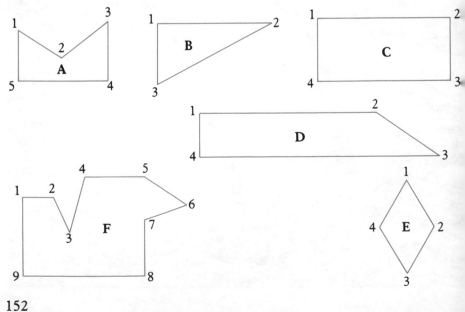

29. Sur une feuille de papier non quadrillé, dessine des figures en utilisant ton équerre et ta règle. (Colorie l'angle droit.)

ex :

30. Parmi ces droites, quelles sont celles qui se coupent en formant les angles droits?

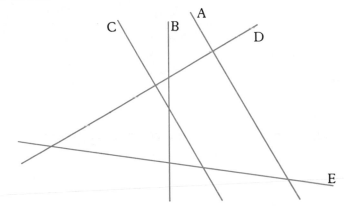

31. À l'aide de l'équerre et de la règle, continue cette frise de rectangles de 3 cm sur 1 cm.

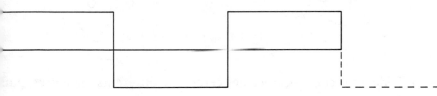

32. Sur du papier non quadrillé, trace une droite x, puis trace à l'aide de l'équerre des segments parallèles comme sur le dessin ci-dessous. (Aide-toi avec l'angle droit de l'équerre.)

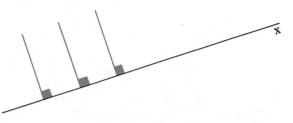

153

733. Même exercice que **732** avec la droite y. (Aide-toi avec le angles aigus de l'équerre.)

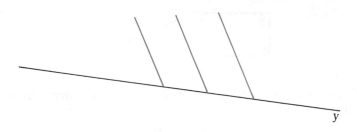

y

LE COMPAS

734. À l'aide d'une règle et d'un compas, reproduis les figures ci dessous.

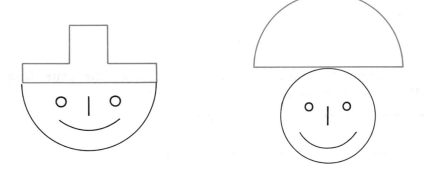

735. À l'aide d'un compas, trace des cercles de différents diamètres, pui colorie-les.

736. Reproduis, puis continue la frise ci-dessous à l'aide d'un compas.

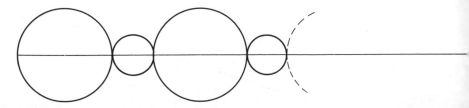

737. Même exercice que **736**

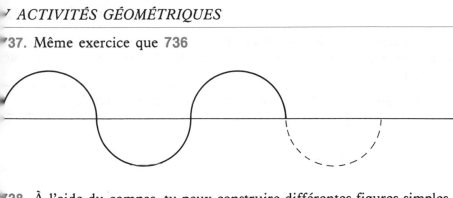

738. À l'aide du compas, tu peux construire différentes figures simples.

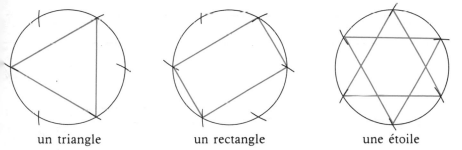

un triangle   un rectangle   une étoile

Entraîne-toi à les reproduire.

739. À l'aide d'une règle graduée et d'un compas, trace les cercles dont le diamètre est donné dans le tableau suivant. Recopie et complète le tableau.

Diamètre du cercle en cm	Rayon du cercle en cm
10	
6	
8	
4	
12	

740. À l'aide de ton compas, reproduis des rosaces en suivant l'exemple donné, puis colorie-les.

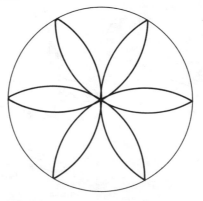

VI SYNTHÈSE GÉNÉRALE

*741. Pose puis effectue.

13 + 97 =   238 + 143 + 27 =

35 + 49 + 123 =   155 + 324 + 49 =

47 + 59 + 153 =

*742. Pose puis effectue.

17 × 3 =   427 × 2 =

28 × 5 =   239 × 7 =

178 × 6 =

*743. Pose puis effectue.

78 − 17 =   238 − 159 =

99 − 58 =   524 − 227 =

138 − 79 =

*744. Pose puis effectue.

235 + 124 + 19 + 105 =   97 × 9 =

500 − 398 =   104 × 8 =

134 × 5 =

*745. Complète.

5   × 5 =   − 3 =   + 10 =   × 2 =

42   − 12 =   + 5 =   − 27 =   × 8 =

*746. Une équipe de football comprend 11 joueurs.
Combien de joueurs y a-t-il sur le terrain lors d'un match?

*747. Un livre valait 56 F. Il a augmenté de 7 F.
Quel est son nouveau prix?

*748. Dans un poulailler où dormaient 27 poules, un renard affamé en a mangé 4.
Que peux-tu chercher?

*749. Rémy a acheté 5 pochettes de 6 images pour compléter son album sur le football.
Combien a-t-il acheté d'images en tout?

*750. Chez le pâtissier, Maman a acheté 7 éclairs au chocolat, à 4 F l'un.
Que peux-tu calculer?

*751. Après avoir fait la vidange de sa voiture, papa met de l'huile dans le moteur. Il verse 2 bidons de 2 litres, puis la moitié d'un autre bidon **identique.***
Quelle quantité d'huile contient le moteur?

*752. Cyril part faire une promenade en vélo. Au départ, son compteur affiche 153 km. Au retour, il marque 168 km.
Que peux-tu calculer?

*753. Quentin avait prêté 11 cassettes à son cousin; celui-ci ne lui en a rendu que 7.
Combien lui en manque-t-il?

**754. Avec lesquels de ces patrons pourrait-on construire un cube?
(Si tu hésites, tu peux les reproduire, les découper et essayer de construire les cubes.)

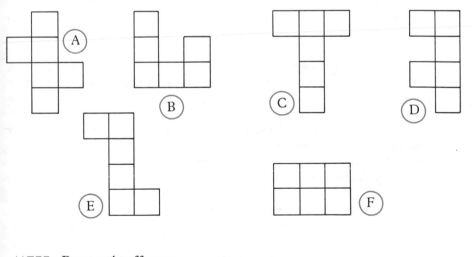

**755. Pose puis effectue.

296 + 419 =	376 − 35 =
321 + 87 =	429 − 253 =
44 × 16 =	

**756. Pose puis effectue.

365 + 7 + 63=	625 − 383 =
49 + 512 + 184=	56 × 23 =
362 − 144 =	

757. Pose puis effectue.

394 + 86 + 119=

(47 + 376) − 38 =

59 × 24 =

48 × 35 =

63 × 76 =

758. Pose puis effectue.

175 + 419 + 37 =

2 075 + 612 + 8 + 179 =

3 602 − 182 =

416 − 227 =

56 × 72 =

759. Pour payer un livre, Yves donne 100 F au vendeur. Celui-ci lui réclame encore 4 F, puis lui rend 50 F.
Combien coûte ce livre ?

760. Pascal, qui se trouve trop grand pour jouer aux voitures miniatures, répartit ses 64 voitures entre ses 4 jeunes cousins.
Combien de voitures doit-il donner à chacun pour ne pas faire de jaloux ?

761. Estelle est partie en vacances du 30 juin au 4 septembre.
Combien de jours ont duré ses vacances ? (Tu compteras le jour du départ et le jour de retour.)

762. Pour se rendre au musée, la classe de Didier a pris le car à 9 h 15 min. Le car dépose les enfants devant le musée à 9 h 50 min.
Combien de temps le trajet a-t-il duré ?

763. Avec 17 images, le maître veut récompenser 5 élèves en leur donnant le même nombre.
Combien d'images aura chaque élève ?
Combien d'images le maître gardera-t-il ?

764. Cyril achète 3 vidéocassettes pour 180 F.
Quel est le prix d'une vidéocassette ?

765. Aureline dispose de 75 fraises pour faire 3 tartes.
Que peux-tu chercher ?

766. Émilie a acheté un bol et 6 assiettes pour un prix total de 102 F.
Le bol coûte 12 F.
Quel est le prix des 6 assiettes ?
Quel est le prix d'1 assiette ?

767. Un ouvrier a gagné 2 545 F en 5 jours de travail.
Que peux-tu calculer ?

**768. Peux-tu aider monsieur Béranger à retrouver les nombres effacés sur sa facture?

BRICOLAGE - LOISIRS		
Articles	Prix unitaire	Prix total
3 sachets de clous	12 F	—
2 planches en pin	48 F	—
2 pots de peinture	—	64 F
— pinceaux	9 F	27 F
1 coffret perceuse	—	
Total à payer		1 122 F

**769. Monsieur et madame Richin veulent changer leur machine à laver. Ils hésitent entre plusieurs modèles.

3 295 F

2 299 F

3 018 F

2 998 F

4 063F

Quelle est la différence de prix entre le modèle le plus cher et le modèle le moins cher?
Ils choisissent finalement le modèle valant 2 998 F.
Quelle est la différence de prix entre ce modèle et le plus cher?
Entre ce modèle et le moins cher?

**770. Dans un parc d'attractions, l'entrée coûte 78 F pour les adultes et 55 F pour les enfants.
Combien paieront monsieur et madame Vianney s'ils s'y rendent accompagnés de leurs deux enfants?

*771. Avant de partir en vacances, monsieur Honoré achète une planche à voile au prix de 3 270 F et un gilet de sauvetage valant 196 F.
Combien a-t-il dépensé?

772. Un directeur de colonie de vacances achète 12 sacs à dos à 73 F l'un et 15 sacs à dos à 138 F l'un. Il bénéficie d'une **réduction**★ de 295 F.
Quelle somme devra-t-il payer ?

*773.** Gilbert calcule ce qu'il a dépensé pour **renouveler**★ son matériel d'alpinisme, cette année :
- sac à dos : 799 F ;
- crampons : 450 F ;
- corde : 875 F ;
- petit matériel : 538 F.
Quelle somme Gilbert a-t-il dépensé ?

774. Observe ces deux pendules. La première t'indique à quelle heure Éric est entré à la piscine, la seconde t'indique à quelle heure il en est sorti.
Calcule combien de temps Éric est resté à la piscine.

***775.** 4 barriques de cidre contiennent ensemble 900 l.
Quelle est la contenance d'une barrique ?

776. Dans une école, 3 classes comptent chacune 25 élèves et 2 classes comptent chacune 28 élèves.
Combien d'élèves y a-t-il en tout dans cette école ?

777. Pose puis effectue.
$(6\,219 + 197) - 1\,075 =$ $475 \times 59 =$
$174 \times 37 =$ $3\,010 - 2\,711 =$
$281 \times 105 =$

778. Pose puis effectue.
$(362 + 56 + 4\,197) - 2\,099 =$ $(1\,469 \times 4) - 4\,877 =$
$94 \times 86 =$ $68 \times 37 =$
$276 \times 204 =$

*779.** L'Airbus A 310 peut transporter 255 passagers tandis que le Concorde ne peut en transporter que 128.
Trouve la question et réponds.

780. Voici les distances **maximales*** que peuvent parcourir quelques avions sans escale.
Airbus A 310 : 9 500 km
Concorde : 6 500 km
Boeing 747 : 9 200 km
Tupolev : 8 950 km
Boeing 707 : 7 485 km

Quel est l'avion qui peut parcourir ainsi la plus grande distance ?
Quel est l'avion qui couvre la distance la plus courte ?
Calcule la distance supplémentaire que peut parcourir l'Airbus A 310 par rapport au Boeing 707.

781. Papa a acheté 50 **thuyas*** à 85 F l'un pour planter autour du jardin.
Quel est le prix de cette haie ?
il a également acheté un érable **pourpre*** et a ainsi payé en tout 4 600 F.
Quel est le prix de l'érable ?

782. Dans une salle de cinéma, il y a 32 rangées de 25 places.
Combien de places contient cette salle ?
713 spectateurs y ont pris place pour regarder le film projeté.
Combien de places sont inoccupées ?

783. Marc et Valérie envisagent de faire la randonnée dont voici la description :

Crêtes de la Cerdagne

- Pyrénées orientales, Cerdagne.
- Époque conseillée : de juin à septembre.
- **Dénivellation*** de montée : 1er jour : 1 300 m ; 2e jour : 900 m.
- Durée prévue : 1er jour : 7 h 30 min ; 2e jour : 7 h.
- Matériel nécessaire : tente légère, matériel de camping et de cuisine.

Pendant quels mois de l'année est-il conseillé de faire cette randonnée ?
Quelle sera la dénivellation totale à la montée ?
Quelle est la durée de marche totale prévue ?

784. Une source donne 30 litres d'eau chaque minute.
Quelle quantité d'eau débite-t-elle en une heure ?

785. En France, il se vend environ 8 hamburgers chaque seconde.
Calcule le nombre de hamburgers vendus en une minute ; en une heure.

**786. Monsieur et madame Mizeret voudraient changer plusieurs éléments de leur chaîne hi-fi. Ils ont choisi une platine-disque à 1 320 F et une platine-cassette à 1 295 F. Mais, cependant, ils ne veulent pas dépenser plus de 2 500 F.
Pourront-ils acheter ces deux appareils ?
Que peux-tu encore calculer ?

**787. Combien y a-t-il de km et de m dans :
6 324 m ; 4 230 m ; 2 100 m ; 6 003 m ; 7 342 m.

**788. Écris en m :
3 km ; 6 km 750 m ; 3 km 253 m ; 4 km 7 m ; 2 km 375 m.

**789. Un facteur parcourt 15 km par jour sauf le samedi et le dimanche.
Quelle distance parcourt-il en une semaine ? en 4 semaines ?

**790. Julien a fait 200 pas de 65 cm chacun.
Quelle distance a-t-il parcourue (en cm, puis en m) ?

**791. Un œuf pèse en moyenne 60 g.
Combien pèsent 12 œufs ? 5 douzaines d'œufs ?

**792. Dans une caisse, on peut ranger 36 boîtes de conserve.
Combien de boîtes de conserve pourra-t-on ranger dans 10 caisses ? dans 50 caisses ? dans 100 caisses ?

**793. Samuel a 3 km à parcourir pour rendre visite à sa grand-mère. Il a déjà fait 1 600 m.
Quelle distance (en m) lui reste-t-il à parcourir ?

794. Pendant un **week-end*, des randonneurs ont marché 17 km 500 m le samedi, puis 22 km le dimanche.
Quelle est la distance totale parcourue durant le week-end par ces randonneurs (en km et m) ?

**795. Un tronc d'arbre mesure 3 m 50 cm de hauteur.
Quelle est sa longueur en cm ?
On le coupe en deux morceaux égaux.
Quelle est la longueur d'un morceau ?

**796. Calcule le périmètre d'un terrain de hockey sur gazon sachant que sa longueur mesure 91 m 40 cm et sa largeur 55 m.

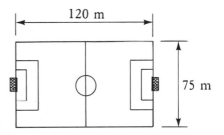

**797. Voici un mouchoir.
Quel est son périmètre ?
(Calcule-le de deux manières différentes.)

**798. Voici un terrain de football.
Calcule son périmètre.

***799. Voici un champ rectangulaire entouré de 2 rangées de fil de fer barbelé.

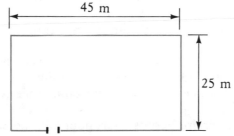

Calcule le périmètre du champ.
Calcule la longueur de fil de fer barbelé (la barrière mesure 2 m 50 cm).

**800. Complète.

5 km = ___ m	2 503 m = ___ km ___ m
3 km 2 hm = ___ m	4 500 m = ___ km ___ hm
2 km 3 dam = ___ m	7 000 m = ___ km
25 dam = ___ m	1 880 m = ___ km ___ dam
8 dam 2 m = ___ m	4 643 m = ___ km ___ m

**801. Complète.

2 200 g = ___ kg ___ g	7 kg et 850 g = ___ g
3 635 g = ___ kg ___ g	3 560 g = ___ kg et ___ g
1 kg et 18 g = ___ g	12 kg et 600 g = ___ g
2 kg et 4 g = ___ g	4 750 g = ___ kg et ___ g

**802. Calcule le périmètre du tableau.
Calcule le périmètre du cadre.

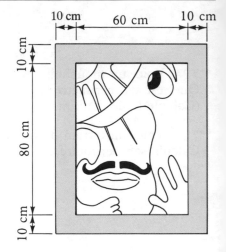

**803. Convertis dans l'unité demandée.

4 cm = ___ mm	18 mm = ___ cm ___ mm
3 dm 2 cm = ___ cm	338 mm = ___ dm ___ cm ___ mm
5 dm = ___ mm	80 mm = ___ cm
3 dm 5 cm = ___ mm	900 mm = ___ dm
270 mm = ___ cm	2 dm 6 cm 4 mm = ___ mm

804. Lors d'une randonnée **VTT*, des cyclistes parcourent 32 km 5 hm le matin, puis 23 km 5 hm l'après-midi.
Quelle était la distance totale de cette randonnée (en km et hm)?

***805. Trouve l'itinéraire le plus court pour aller de Saint-Louis à Carteville.
Justifie ta réponse en donnant les distances totales.

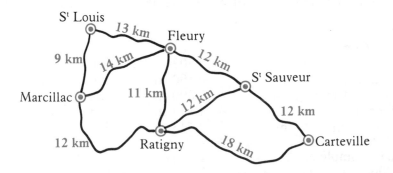

***806. Patrice a acheté 3 bandes dessinées identiques pour 120 F.
Quel est le prix d'une bande dessinée?
Quel prix aurait-il payé pour 2 bandes dessinées?

***807.** Un chauffeur parcourt chaque jour l'aller retour Méry-Trouville.
Quelle distance parcourt-il chaque jour ?
Quelle distance parcourt-il en 5 jours ? en 1 mois de 22 jours de travail ?

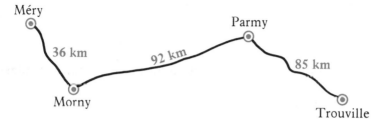

***808.** Une voiture consomme en moyenne 7 litres d'essence aux 100 km.
Quelle distance pourra-t-elle parcourir avec 63 litres dans le réservoir ?
Quelle quantité d'essence consommera-t-elle pour faire 300 km ?

***809.** Sur un paquet de gâteaux contenant 10 biscuits, on peut lire : « Poids net 150 g ».
Quel est le poids d'un gâteau ?

***810.** Monsieur et madame Rochelle et leurs 2 enfants âgés de 3 ans et 8 ans doivent prendre le bateau le 2 juillet pour se rendre de Calais (France) à Douvres (Angleterre). Ils voyageront avec leur voiture et leur caravane.
Observe le tarif ci-dessous et calcule combien ils devront payer pour leur traversée.

	Du 15/9 au 16/6	Du 16/6 au 14/9
passager	142 F	142 F
Enfant (4 à 14 ans)	80 F	80 F
Enfants de − de 4 ans	gratuit	gratuit
Voiture	270 F	418 F
Moto, scooter	140 F	170 F
Caravane, remorque	120 F	135 F
Autobus	560 F	910 F

***811.** Pose puis effectue.

(5 069 + 197) − 3 167 =   48 : 6 =

139 × 60 =   68 : 4 =

258 × 209 =

***812.** Pose puis effectue.

(654 × 6) − 1 874 =   84 : 3 =

300 × 207 =   112 : 7 =

96 : 8 =

813. Un jardinier achète 3 rosiers à 65 F l'un et un pommier valant 345 F.
Combien a-t-il dépensé?

*814.

De combien le bijoutier a-t-il baissé le prix de cette bague?

*815. Sur un cargo pouvant transporter 15 000 tonnes de **céréales***, on en a déjà chargé 4 500 tonnes.
Trouve la question et réponds.

816. Monsieur et madame About réservent leurs places pour un voyage en Égypte. Le prix est de 5 960 F par personne, mais on leur fera une **réduction* de 596 F puisqu'ils partent à 2.
À combien leur revient leur voyage?

**817. Observe cette affiche puis réponds aux questions posées :

FÊTE DE L'AMITIÉ
Dimanche 14 juin de 14 h à 22 h
Concert avec le groupe Chorus
Stands, animations, restaurant
Entrée : 30 F PARC DES SPORTS

Quelle sera la durée de la fête?
On prévoit environ 500 entrées. Quel serait alors le montant de la **recette***?

*818. Quelle somme propose-t-on pour la reprise de l'ancienne voiture?

Prix   52 900 F
Reprise   ___

Somme à payer   47 400 F

**819.

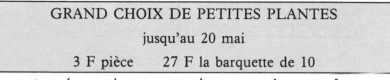

GRAND CHOIX DE PETITES PLANTES

jusqu'au 20 mai

3 F pièce   27 F la barquette de 10

Quelle somme économise-t-on en achetant une barquette?
Si on achète une barquette, combien de plantes paie-t-on réellement?

**820. « Pour m'offrir le vélo qui me plaît, dit Frédéric, il faudrait que j'économise 45 F par mois pendant un an. »
Quel est le prix de ce vélo?

***821.

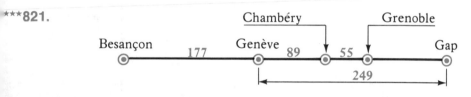

Calcule les distances : Besançon-Gap ;
                        Grenoble-Gap.

**822. Monsieur Corentin veut entourer son jardin carré avec une clôture.
Calcule la longueur de cette clôture.

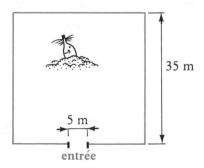

35 m

5 m

entrée

823. Trace le symétrique de cette figure.

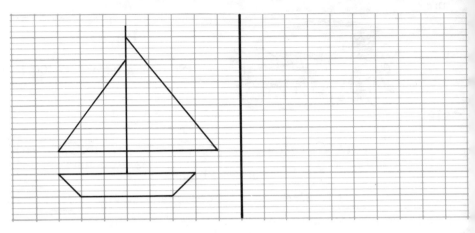

824. Voici des figures géométriques. Reproduis-les sur ton cahier, puis trace leur symétrique par rapport à l'axe.

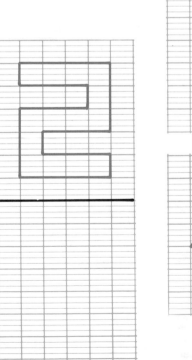

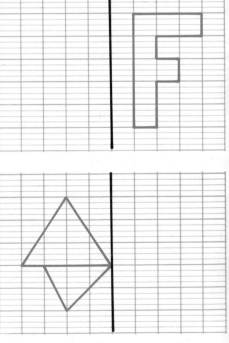

***825.** Dans un hypermarché, une employée prépare sa caisse de la manière suivante.

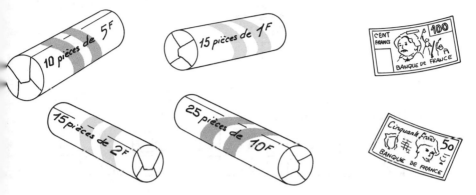

- 2 rouleaux de pièces de 5 F ;
- 4 rouleaux de pièces de 1 F ;
- 1 rouleau de pièces de 2 F ;
- 2 rouleaux de pièces de 10 F ;
- 5 billets de 100 F ;
- 4 billets de 50 F.

Quelle somme cette employée a-t-elle mise dans sa caisse avant de commencer son travail ?

** **826.** Recopie et complète le tableau

m	3	7	24	15	50
m					150	m
		42			

*827.** Recopie et complète le tableau

r	13	27	9	18	42
a				13	
					47

***828.** Recopie et complète le tableau

d 8	32	80	72	56	64	16	8	40	24	48
m 7										

***829. Recopie et complète le tableau

m		
6	30	15
4		
	40	

***830. Recopie et complète.

$\boxed{29}$ r11 → ☐ m2 → ☐ a5 → ☐ r6 → ☐ d5 → ☐

$\boxed{17}$ r9 → ☐ m7 → ☐ a8 → ☐ d8 → ☐ m9 → ☐

***831. Recopie et complète.

$\boxed{25}$ d5 → ☐ m8 → ☐ d4 → ☐ a16 → ☐

☐ m4 → ☐ d2 → ☐ a5 → ☐ r2 → ☐

*832. Une boîte pleine d'olives vertes pèse 400 g; vide, elle pèse 110 g.
Quelle est la masse des olives?

*833. Le 5ᵉ festival du «film des grands voyageurs» se déroulera du 25 janvier au 10 février à Paris.
Quelle est la durée de ce festival?

834. Un wagon contenait 16 000 litres d'un produit chimique. À la suite d'une **collision, la moitié du contenu s'est répandu sur le sol. Quelle quantité de produit reste-t-il encore dans le wagon?

*835. Reproduis les carrés ci-dessous.

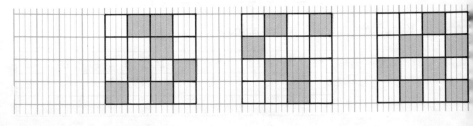

**836. Reproduis les dessins ci-dessous.

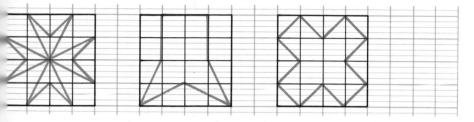

*837.

Place une étoile dans la case C2, puis suit le chemin suivant : ↑ → ↑ ← ↓ ←
Quelle est la case d'arrivée de l'étoile après son déplacement ?

Place une étoile dans la case B1, puis suit le chemin suivant : ↑ → ↓ → ↑ ←
Quelle est la case d'arrivée de l'étoile après son déplacement ?

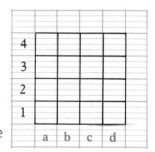

*838.

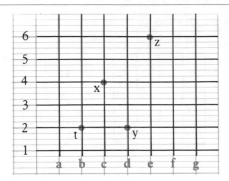

Trouve le code des points t, x, y, z.

*839. Place les points suivants :
m : B1 ; n : D4 ; o : F3 ; p : E6.

840. Voici les **superficies* de quelques départements.
Quelle est la plus importante ? la plus faible ?
Calcule la différence entre elles.

Départements	Superficies (en km^2)
Lot	5 226
Lot-et-Garonne	5 385
Dordogne	9 224
Tarn-et-Garonne	3 730

LEXIQUE

Association humanitaire : groupe de personnes qui cherche à améliorer les conditions de vie des hommes.

Acquisition : achat.

Canalisation : gros tuyau.

Céréale : plante à grains (blé, seigle, maïs, riz,...).

Citerne : cuve, grand réservoir.

Clôturer : entourer d'une clôture (mur, grillage).

Collision : choc entre deux personnes, deux choses.

Comète : astre se déplaçant dans l'espace.

Convoi : groupe de véhicules qui font route ensemble.

Dénivellation : différence de niveau, de hauteur.

Disponible : que l'on peut utiliser.

Économie : somme d'argent qui n'a pas été dépensée.

Encyclopédie : très gros dictionnaire.

Équitable : juste.

Identique : semblable, pareil.

Inclus : contenu, compris, dans.

Luminaire : appareil d'éclairage.

Marathon : course pédestre longue de 42,195 km.

Maximal : maximum, au plus haut niveau.

Minimal : minimum, le plus petit possible.

Panonceau : petit panneau.

Paquebot : grand navire aménagé pour le transport des passagers.

Plant : végétaux de même espèce plantés dans un terrain.

Pourpre : rouge foncé.

Produire : fabriquer, créer.

Quotidien : journal qui paraît chaque jour.

Randonnée : longue promenade.

Recette : ce qui est reçu (en argent).

Réduction : diminution de prix.

Relayeur : coureur qui succède à un autre.

Remise : rabais, réduction consentie sur le prix de marchandises.

Renouveler : recommencer, remplacer, changer.

Respectif : qui concerne une personne ou une chose précise.
Revue : magazine.
Rucher : ensemble de ruches.
Sanctionner : punir.
Scolarisé : inscrit dans une école.
Soldé : vendu au rabais, moins cher.
Stock : ensemble de marchandises disponibles à tout moment.
Superficie : surface.
Supplémentaire : qui est ajouté.
Thuya : arbre, souvent utilisé pour réaliser des haies.
Viennoiserie : ensemble des produits de boulangerie formé par les croissants, les pains au chocolat,...
V.T.T. : Vélo Tout Terrain.
Week-end : congé de fin de semaine (du samedi matin au lundi matin).

Impression I.M.E. - 25-Baume-les-Dames
Dépôt légal n° 1376-01/1991
Collection n° 03 - Edition n° 01
11/5207/3